ÉLÉMENTS D'ARCHITECTURE

DESSINS LINÉAIRES

TIRÉS

DES MONUMENTS ET DES AUTEURS CLASSIQUES

A L'USAGE DE L'ENSEIGNEMENT SCOLAIRE

PAR

F.-G. MARIE

ARCHITECTE
ANCIEN ÉLÈVE DE L'ÉCOLE DES BEAUX ARTS

PARIS

DUNOD, ÉDITEUR

LIBRAIRE DES CORPS DES PONTS ET CHAUSSÉES ET DES MINES

49, QUAI DES AUGUSTINS, 49

1875

ÉLÉMENTS D'ARCHITECTURE

—

DESSINS LINÉAIRES

TIRÉS

DES MONUMENTS ET DES AUTEURS CLASSIQUES

A L'USAGE DE L'ENSEIGNEMENT SCOLAIRE

PAR F.-G. MARIE

ARCHITECTE

ANCIEN ÉLÈVE DE L'ÉCOLE DES BEAUX-ARTS

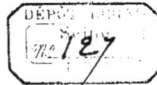

PARIS

DUNOD, ÉDITEUR

LIBRAIRE DES CORPS DES PONTS ET CHAUSSÉES ET DES MINES

49, QUAI DES AUGUSTINS, 49

—

1875

PRÉFACE

La nécessité de donner un grand développement à l'instruction primaire est plus impérieuse aujourd'hui que jamais, et préoccupe à juste titre tous les hommes éclairés. Elle se heurte malheureusement à de sérieuses difficultés, au nombre desquelles se présente, en première ligne peut-être, la pénurie d'ouvrages spéciaux rédigés dans un esprit convenable. Cette lacune s'explique d'ailleurs aisément quand on réfléchit aux exigences qui s'imposent à un enseignement dont les limites sont étroites ; qu'il s'agisse de littérature, d'histoire, de sciences ou de beaux arts, il faut s'y garder à la fois de trop embrasser et de se trop restreindre, se maintenir dans l'essentiel sans tomber dans la sécheresse, être toujours clair et vrai jusque dans les moindres détails, et s'attacher surtout à donner une bonne direction aux esprits. Ces modestes petits livres d'école, qui sont appelés à exercer une influence considérable sur l'avenir du pays, par cela même qu'ils s'adressent à la classe la plus nombreuse, devraient donc être écrits par des hommes de grande instruction, d'intelligence ouverte, de cordial dévouement pour les humbles, et il semble que pareille tâche ne soit au-dessous d'aucune ambition. Laissez venir à moi les petits enfants, a dit le divin Maître.

Nous n'avons certes pas la prétention d'avoir pleinement répondu à ce programme dans l'ouvrage que nous offrons aujourd'hui au public ; que notre essai en provoque de meilleurs, et soit en attendant de quelque utilité : nous ne demandons pas davantage, et ce qui vient d'être dit a uniquement pour but de montrer dans quel esprit nous l'avons conçu.

De tous les genres de dessin linéaire, le dessin d'architecture est le plus important au point de vue de l'instruction générale, parce qu'il exige une grande exactitude, tend à former le goût, parle aux yeux en même temps qu'à la raison, et, utile dans toutes les branches de l'industrie, est de première nécessité pour la plupart.

Mais suffit-il, comme on ne le fait que trop souvent, de remettre aux élèves des modèles à copier, sans s'attacher à leur faire comprendre les motifs et le mérite des formes qu'ils sont appelés à reproduire et à se graver dans l'esprit? Est-il permis d'improviser des exemples, ou de les prendre en quelque sorte au hasard dans des œuvres appartenant aux styles les plus divers? Assurément non. Si, en fait d'enseignement graphique, celui de l'architecture, alors même qu'il se borne aux premiers éléments, est de nature à développer l'intelligence plus efficacement qu'aucun autre, c'est à condition de ne la point négliger, et plus restreint est le nombre des types, plus il importe de les choisir avec grande sollicitude.

Une heureuse circonstance a facilité notre choix, et nous a donné le point d'appui dont nous avions besoin. Notre éditeur a publié un grand traité d'Architecture qui est devenu classique après avoir été couronné par l'Académie des beaux-arts, et il a obtenu de l'auteur, M. Léonce Reynaud, l'autorisation d'y faire des emprunts. Beaucoup de dessins de notre collection sont tirés de cet ouvrage; les autres sont puisés dans des édifices qui comptent parmi les plus remarquables des temps modernes.

Quelques-uns de ces dessins ont dû être exécutés sur une trop petite échelle, pour que, malgré le talent du graveur, les formes des divers ornements puissent être justement appréciées par les élèves; mais nous avons eu soin de les accompagner, soit sur la même planche, soit sur des planches séparées, de dessins de détails très-précis qui permettront de les reproduire sur une plus grande échelle, genre d'exercice que nous ne saurions trop recommander.

Enfin, chacune de nos planches est accompagnée d'une explication succincte, que nous nous sommes efforcé de rendre claire et suffisante, des formes qu'elle présente comme des modèles de disposition et de bon goût.

ÉLÉMENTS
D'ARCHITECTURE

EXPLICATION DES PLANCHES

PLANCHE I

TRACÉS GÉOMÉTRIQUES

On se sert habituellement de la règle et de l'équerre pour tracer les lignes perpendiculaires ou parallèles que comportent les dessins d'architecture, et cette méthode, qui a le mérite d'être expéditive, admet beaucoup d'exactitude quand la règle est droite et l'équerre juste ; mais il est d'autres procédés auxquels on a parfois recours, surtout pour les opérations à faire sur le terrain, et qu'il importe de connaître.

Figure 1. — *Élever une perpendiculaire sur une ligne* A B *par un point* C *de cette ligne.*

On porte sur la ligne AB, à droite et à gauche du point C, deux longueurs égales C*m*, C*n* ; des points *m* et *n* comme centres, avec un rayon plus grand que C *m*, on décrit deux arcs de cercle, et l'on joint le point D où ils se coupent au point C ; la ligne CD est la perpendiculaire demandée. Les angles qu'elle fait avec la ligne AB sont égaux : ce sont des *angles droits.*

Figure 2. — *Abaisser une perpendiculaire sur une ligne* AB *d'un point* C *situé en dehors de cette ligne.*

Du point C comme centre, on décrit deux arcs de cercle qui coupent la ligne AB en *m* et en *n*; on porte la pointe du compas successivement sur l'un et l'autre de ces points, et l'on joint le point C au point D où viennent se croiser les deux derniers arcs; la ligne CD est perpendiculaire sur AB. Mais ce procédé n'assure une exactitude suffisante que quand le croisement des arcs décrits des points *m* et *n* peut se faire au-dessous de la ligne AB; ou lorsqu'on peut placer les points C et D à grande distance l'un de l'autre. Dans le cas contraire, il faut se borner à diviser la longueur *mn* en deux parties égales, et joindre le point de division E au point C.

FIGURE 3. — *Mener par un point C une ligne parallèle à la ligne* AB.

On abaisse de ce point une perpendiculaire C*m* sur la ligne AB. D'un point quelconque *n*, pris sur cette ligne, on élève une seconde perpendiculaire sur AB, on lui donne une longueur *n*D égale à C*m*; la ligne CD est la parallèle demandée. A quelque distance qu'on les prolonge, les lignes AB et CD ne se rencontrent pas.

La FIGURE 4 indique un autre mode de tracé, qui n'assure pas autant d'exactitude que le précédent, mais qui est plus expéditif et suffit en plusieurs circonstances.

Du point C, on décrit un arc de cercle *mn* qui touche la ligne AB sans la couper, c'est-à-dire qui lui est *tangent*, d'un autre point *o*, pris sur la ligne, on décrit un arc *pq* avec le même rayon, et, par le point C, on mène une ligne CD, *tangente* à ce dernier arc.

FIGURE 5. — *Par un point* A, *mener une ligne* AC *faisant avec la ligne* AB *un angle égal à un angle donné* c a b.

Lorsque les figures sont placées près l'une de l'autre, les deux lignes AB, *ab* étant parallèles comme le montre le dessin, il suffit de mener par le point A une parallèle à *ac*.

Une solution plus générale du problème, la seule qui soit admissible pour des opérations sur le terrain, consiste à décrire, des points *a* et A et avec le même rayon, deux arcs de cercle *mn*, *op*, et à porter la longueur *mn* de *o* en *p*. L'angle *p*AB est égal à l'angle donné.

Tandis que les longueurs des lignes droites s'énoncent en mètres et en subdivisions du mètre, celles des arcs de cercle s'expriment en degrés, minutes et secondes. Le degré est la 360ᵉ partie de la circonférence, la minute la 60ᵉ partie du degré, et la seconde la 60ᵉ partie de la minute. Le même mode de mesure s'applique aux angles, et c'est là qu'il est le plus usité. Le nombre de degrés d'un angle est celui de l'arc de cercle décrit de son sommet comme centre et compris entre ses deux côtés. Ainsi, si l'arc *mn* de la figure 5 embrasse 21 degrés, on dit que l'angle *cab* est un angle de 21 degrés.

On mesure les angles et les arcs de cercle sur le papier, au moyen de l'instrument appelé *rapporteur*. Pour les opérations sur le terrain, on a recours au *graphomètre* ou à *l'équerre d'arpenteur*.

FIGURES 6, 7, et 8. — *Raccordements courbes*.

Les dispositions le plus habituellement employées pour réunir au moyen d'une ligne courbe deux droites non parallèles, sont représentées par ces figures.

Dans la première, la courbe est un arc de cercle, ainsi qu'il est d'usage dans le tracé des chemins de fer pour réunir deux portions rectilignes de la voie.

On divise l'angle ABC que forment les lignes AB, CB en deux parties égales, en décrivant entre elles un arc *mn* du point B comme centre, en portant la moitié de cet arc de *m* en *p*, et en tirant la ligne B*p*. Si le point de départ de la courbe est fixé sur l'une des lignes, en *q* par exemple, on mène par ce point une perpendiculaire sur la ligne BC, et le point *o*, où elle rencontre B*p*, est le centre de l'arc de raccordement, qui doit être décrit avec un rayon égal à *oq*. Cet arc est tangent à chacune des deux lignes qu'il réunit, et à même distance du point B.

Si le rayon de l'arc de raccordement était déterminé par avance, on mènerait une parallèle à l'une des lignes données, à BC par exemple, à une distance égale à la longueur du rayon, et l'on prendrait pour centre son point d'intersection avec la ligne B*p*. Cette parallèle est indiquée sur la figure par les lettres *r* et *s*.

La FIGURE 7 fait connaître un tracé auquel on a souvent recours lorsque par suite de circonstances particulières, les deux points de raccordement sont déterminés et ne se trouvent pas à égale distance du point B. Soient *m* et *n* ces deux points : on divise chacune des lignes B*m*, B*n* en un même nombre de parties égales, en sept par exemple, on numérote les points de divisions, ainsi que le montre la figure, et l'on tire les lignes 1-1, 2-2, 3-3, etc. Les points où se coupent deux lignes consécutives appartiennent à la courbe cherchée, qu'on trace à la main et qui est tangente en *m* et *n* aux deux lignes qu'elle réunit. Cette courbe n'est pas un arc de cercle.

La FIGURE 8 montre comment s'opère le raccordement des deux lignes, quand on ne peut les prolonger jusqu'à ce qu'elles se rencontrent.

Soient AB et CD, ces deux lignes. Si le rayon de l'arc de raccordement est donné, on mène des parallèles *mn* et *pq* à AB et à CD à une distance de ces lignes égale au rayon ; leur point d'intersection *o* est le centre de l'arc à décrire. Si le point de départ de la courbe est donné sur l'une des lignes, en *s* par exemple, on fait passer par ce point une perpendiculaire sur AB et une parallèle *st* à CD ; on divise l'angle *ts*B en deux parties égales par la ligne *su* ; on élève en *s* une perpendiculaire *sv* sur cette dernière ligne ; par le point *v* où elle rencontre la ligne CD, on mène une perpendiculaire sur CD, laquelle détermine, par son intersection avec la perpendiculaire sur AB, le centre *o* de l'arc à décrire ; cet arc est tangent aux lignes AB et CD aux points *s* et *v*.

Figures 9 et 10. — *Ellipse.*

L'ellipse est une courbe ovale qui est d'un usage assez répandu. Elle a deux *axes principaux :* l'un est le plus long, l'autre le plus court de ses diamètres. Ils se coupent à angles droits.

Trois méthodes principales sont employées pour le tracé de l'ellipse.

La première (*fig.* 9) consiste à décrire du centre *o* de l'ellipse deux circonférences de cercle ayant pour rayons, l'une la moitié *o*A du grand axe, l'autre la moitié *o*C du petit axe ; à mener par des points *m*, *n*, *p*, *q*, *t*, arbitrairement marqués sur la plus grande, des lignes verticales et des lignes dirigées sur le centre ; puis à faire passer des horizontales par les points où ces dernières lignes viennent couper la petite circonférence. Les points d'intersection des verticales et des horizontales tirées des mêmes rayons appartiennent à l'ellipse. Le tracé de la courbe se fait à la main, et il est d'autant plus exact qu'on a déterminé un plus grand nombre de points.

La seconde méthode (*fig.* 10) permet un tracé continu, au moyen d'un fil ou d'une ficelle. Du sommet C du petit axe, on décrit un arc de cercle avec un rayon égal à la moitié du grand axe AB. Cet arc vient couper le grand axe en deux points *v* et *x*, qui sont les *foyers* de l'ellipse. On fixe sur chacun de ces points l'une des extrémités d'un fil, ayant la longueur AB du grand axe, puis on appuie contre ce fil la pointe d'un crayon, de manière à en tendre également les deux parties, et elle décrit la courbe. L'ellipse jouit en effet de cette propriété que la somme des deux lignes *yv*, *yx* joignant un quelconque de ses points aux foyers, est égale au grand axe.

La troisième méthode permet également un tracé continu, moyennant un instrument convenablement établi. Elle est également représentée par la figure 10. Sur une règle *mn* dont la longueur est égale à la moitié du grand axe de l'ellipse, on porte de *m* en *o* la longueur du demi-petit axe. On fait ensuite mouvoir cette règle de manière que le point *n* soit toujours placé sur le petit axe et le point *o* sur le grand ; l'extrémité *m* décrit l'ellipse.

PLANCHE II

COMBINAISONS DE POLYGONES RÉGULIERS

Les figures les plus simples de la géométrie, telles que les polygones réguliers et les cercles, peuvent être combinées de manière à former des dessins variés, susceptibles de produire un fort bon effet, et qu'on fait ressortir habituellement par des différences de couleurs ou de tons. On a souvent recours à des dispositions de ce genre pour des dallages, des panneaux ou des encadrements, et plusieurs industries artistiques en font également usage.

Figure 1. Carrés avec cercles dans les angles. Des carrés peuvent s'appliquer les uns contre les autres sans laisser entre eux aucun espace inoccupé. Quelquefois on en admet de deux couleurs et on les fait alterner de manière à les bien distinguer ; en d'autres circonstances on place dans les angles des carrés beaucoup plus petits ou des cercles d'un ton plus foncé, ainsi que le montre cette figure.

Figure 2. Les octogones ne peuvent pas se juxtaposer complétement, ils laissent entre eux des espaces carrés, qu'il faut faire ressortir afin de bien montrer le dessin.

Figures 3 et 4. Les triangles équilatéraux peuvent se juxtaposer, ainsi que le font voir ces figures dans lesquelles les lignes inclinées forment avec la verticale des angles de 60 degrés. Les triangles colorés y sont distribués de manière que la première représente une série de cubes superposés ou de gradins accolés, et que la seconde montre une suite d'hexagones séparés par des triangles, ou des étoiles hexagonales aux rayons colorés.

La Figure 5 fait voir comment des carrés inclinés à 45 degrés peuvent, en s'associant à des carrés plus petits posés horizontalement, engendrer une série de croix dont les quatre branches égales se terminent en pointe.

Dans la Figure 6, les croix ne sont séparées les unes des autres que par des bandes colorées, et le dessin est plus accentué. Le plafond de la grande nef de l'église de Notre-Dame-de-Lorette, à Paris, présente une disposition de ce genre.

Les Figures 7, 8, 9, 10, 11, 12, 13 et 14 donnent des exemples variés de dispositions régulières, qui peuvent être employées pour former des encadrements.

La Figure 17 est plus compliquée, elle reproduit une disposition qui se rencontre fréquemment, plus ou moins modifiée, dans les dallages et les revêtements des plus anciennes basiliques chrétiennes. Les mosaïques ainsi dessinées sont exécutées en pierres dures diversement colorées, et sont connues sous le nom d'*Opus Alexandrinum*, parce qu'on fait remonter leur invention au règne de l'empereur Alexandre Sévère.

Il est à remarquer que quelques-uns des polygones de ces dernières figures ne sont pas de ceux auxquels les géomètres ont réservé le nom de *réguliers*, en ce qu'ils n'ont pas les côtés égaux et les angles égaux ; mais tous sont de forme régulière et usuelle, et sont définis par la géométrie élémentaire. Tels sont les triangles rectangles, les parallélogrammes, les losanges, etc.

PLANCHE III

CONSTRUCTION DES MURS

Les murs s'exécutent en pierres de taille, en moellons ou en briques. On réunit habituellement ces matériaux par du mortier, du plâtre, ou même de l'argile.

Les pierres et les briques sont presque toujours de forme rectangulaire et sont posées par rangs horizontaux qui s'appellent des *assises*. On s'attache à les placer de manière à s'opposer autant que possible à leur disjonction, c'est-à-dire à la formation de lézardes : les *joints* qui séparent les pierres d'une assise ne doivent jamais se trouver dans le prolongement de ceux de l'assise précédente, et, quand il faut plusieurs pierres ou briques pour former l'épaisseur du mur, elles doivent être enchevêtrées afin d'être bien reliées entre elles.

On donne le nom de *carreaux* aux pierres qui ont leur plus grand côté sur la face du mur, de *boutisses* à celles où il occupe une position inverse, de *parpaings* à celles qui embrassent toute l'épaisseur du mur, de *lit* à la face supérieure et à la face inférieure de la pierre, de *joints* à ses faces latérales, de *parement* à la face extérieure.

Figure 1. Construction composée de gros blocs de forme irrégulière posés sans mortier ; de petites pierres sont placées dans les vides qu'ils laissent entre eux. Ce mode de bâtir remonte à une très-haute antiquité. On en trouve de nombreux exemples dans les ruines de la Grèce et de l'Italie ; ces murs sont attribués aux *Pélasges*, et une croyance populaire leur a fait donner le nom de *constructions cyclopéennes*.

Dans la plupart des pays de montagne, on utilise de la même manière, encore aujourd'hui, les blocs entraînés par les torrents ou les avalanches.

Figure 2. Construction régulière en pierre de taille, appartenant à l'antiquité grecque.

Les pierres sont de forme rectangulaire, toutes de mêmes dimensions, taillées avec la plus grande précision, et posées par assises ; elles embrassent toute l'épaisseur du mur, n'ont pas de mortier, et sont quelquefois fixées les unes aux autres par des crampons en bois dur ou en bronze, encastrés dans leurs lits supérieurs.

Figure 3. Mur en pierres de taille disposées en carreaux et boutisses formant parpaings.

FIGURE 4. Mur parementé sur ses deux faces en pierres de taille, avec remplissage en moellons de forme irrégulière.

FIGURE 5. Mur exécuté en moellons bruts maçonnés avec mortier. Les angles sont formés de pierres de taille. Ce genre de construction a été fort usité par les Romains, qui le désignaient sous le nom d'*opus incertum*.

FIGURE 6. Système de construction appartenant aussi à l'antiquité romaine et presque inusité aujourd'hui. De petites pierres à tête carrée sont posées sur l'un des angles du carré, le remplissage entre les parements est formé de petits moellons bruts, et les angles du mur ainsi que quelques assises horizontales, plus ou moins espacées, sont exécutés en pierres de taille ou en briques de grandes dimensions. La disposition des pierres de parement rappelle les mailles d'un filet, et de là le nom d'*opus reticulatum* donné par les Romains à ce genre de murs.

FIGURE 7. Mur formé d'assises alternatives de moellons et de briques, avec angles en pierres de taille.

FIGURE 8. Mur en moellons, avec angles en pierres de taille.

PLANCHE IV

DÉCORATION DES MURS

La décoration architectonique consiste surtout dans la mise en évidence des diverses parties de la construction. Elle est appelée à donner satisfaction aux esprits judicieux, en même temps qu'à introduire de la variété dans la composition et à présenter aux yeux des formes d'un aspect agréable.

On décore les murs en montrant bien nettement les divers matériaux qui les composent, en faisant ressortir chaque pierre de taille au moyen de *refends* ou de *bossages*, sortes de rainures plus ou moins accentuées, ou en y appliquant des pilastres de distance en distance.

FIGURES 1 et 2. Élévation et coupe sur une plus grande échelle des refends du temple de Vesta, à Rome. On remarquera, que le mur est successivement formé de deux assises hautes et d'une assise basse. Les ruines de l'antiquité offrent plusieurs exemples de constructions de ce genre.

FIGURES 3 et 4. Élévation et coupe des refends des palais de la place de la Concorde, à Paris.

FIGURES 5 et 6. Élévation et coupe des bossages du fort Saint-André, à Venise.

2

Figures 7 et 8. Elévation et coupe de bossages avec refends.

Figure 9. Mur en briques avec angles et chaînes verticales en pierres de taille, présentant deux systèmes de décoration en briques de deux couleurs.

Figure 10. Mur en pierres de taille décoré de pilastres.

PLANCHE V

MOULURES

Les moulures constituent l'un des principaux éléments de la décoration des édifices. Elles sont de diverses sortes. On peut les tracer au compas en les formant d'arcs de cercle; mais mieux vaut s'exercer à les dessiner à la main. Le procédé est plus expéditif et se prête à plus de variété dans la forme.

Figure 1. *Quart de rond*, décrit au compas. On tire la ligne *ab*, on la divise en deux parties égales, et par le point de division *c*, on lui élève une perpendiculaire, qu'on prolonge jusqu'à sa rencontre en *o* avec l'horizontale passant par le point *a*. Le point *o* est le centre de l'arc de cercle.

Figure 2. *Quart de rond*, tracé à la main.

Figure 3. *Quart de rond renversé*, tracé à la main.

Figure 4. *Cavet*, décrit au compas, arc de cercle dont le centre est un point *o*, lequel s'obtient en élévant au point *c*, milieu de *ab*, une perpendiculaire sur cette ligne, et la prolongeant jusqu'à sa rencontre avec l'horizontale passant par le point *b*.

Figure 5. *Cavet*, tracé à la main.

Figure 6. *Cavet renversé*, tracé à la main.

Figure 7. *Talon*. Pour décrire un talon au compas, on joint les extrémités *a* et *b* de la moulure par une ligne droite, on divise cette ligne en quatre parties égales, on lui mène des perpendiculaires, $1m$, $3n$, par le premier et le troisième point de division, et les points *m* et *n* où ces perpendiculaires rencontrent les horizontales passant par *a* et *b* sont pris pour centres des deux arcs de cercle, qui se réunissent au point 2 et constituent la moulure. Si l'on voulait faire dominer l'une des deux parties du talon, la partie convexe, par exemple, sur la partie concave, on choisirait convenablement un point 4 plus rapproché de *b* que de *a*, on diviserait en deux parties égales les intervalles *a*4, *b*4, et l'on procéderait par les points de division ainsi obtenus, comme il vient d'être dit pour les points 1 et 3; les deux arcs se rencontreraient au point 4.

Il est à remarquer qu'on peut se borner à élever une seule perpendiculaire, 1m par exemple. La ligne m2 prolongée donne le point n.

Figure 8. *Talon*, tracé à la main.

Figure 9. *Talon renversé*, tracé à la main.

Figure 10. *Doucine.* Pour décrire une doucine au compas, on joint les extrémités a et b de la moulure par une ligne droite, on divise cette ligne en quatre parties égales, on lui mène des perpendiculaires, 1m, 3n, par le premier et le troisième point de division, et les points m et n où ces perpendiculaires rencontrent l'horizontale passant par le point 2 sont pris pour centres des arcs de cercle, qui se réunissent au point 2 et constituent la moulure. On peut faire varier la forme de la doucine en procédant d'une manière analogue à celle qui vient d'être indiquée pour le talon, c'est-à-dire en abaissant ou en relevant le point 2, et en divisant en deux parties égales les intervalles ainsi déterminés.

Figure 11. *Doucine*, tracée à la main.

Figure 12. *Doucine renversée*, tracée à la main.

Figure 13. *Baguette*, se trace au compas ou à la main.

Figure 14. *Tore*, demi-circonférence de cercle. La petite plate-bande qui la surmonte est ce qu'on appelle un *filet*. Plusieurs des moulures précédentes sont accompagnées de filets.

Figure. 15. *Scotie*, tracée à la main. On pourrait décrire une scotie au moyen d'arcs de cercle de rayons inégaux.

PLANCHE VI

DÉCORATION DES MOULURES

On enrichit quelquefois les moulures au moyen d'ornements sculptés. La planche VI en offre divers exemples qui sont empruntés à des monuments appartenant aux plus belles époques de l'art.

Figure 1. *Quart de rond décoré d'oves*, tiré du temple d'Érechthée, à Athènes. Il y a trois parties dans cet ornement : l'*ove* proprement dite, l'*enveloppe de l'ove* et le *dard* qui sépare deux enveloppes consécutives. Au-dessous des oves est une baguette décorée d'ornements auxquels on donne le nom de *perles* ou de *chapelet*.

Figure 2. *Quart de rond décoré d'oves*, tiré de la corniche du piédestal de la colonne Trajane, à Rome.

Figure 3. Talon décoré de *rais de cœur*, tiré du temple d'Érechthée, à Athènes.

Figure 4. Doucine décorée de *palmettes* et de *fleurs de lotus*, empruntée également au temple d'Érechthée.

Figure 5. Tore décoré d'*entrelacs*, provenant du même temple.

Figure 6. Tore décoré de *feuilles de laurier*, emprunté à la colonne Trajane, à Rome.

Figure 7. *Palmettes*, tirées d'un monument étrusque. Cet ornement s'applique plus particulièrement à des cavets ou à de petites faces planes, de même que le suivant qui est d'un emploi plus fréquent.

Figure 8. *Cannelures*, tirées de la corniche du temple d'Antonin et Faustine, à Rome.

PLANCHE VII

COLONNES

Une colonne est un support de forme cylindrique, dont le diamètre au sommet est un peu plus faible que le diamètre à la base. Ce n'est pas en ligne droite qu'on passe graduellement d'un diamètre à l'autre, c'est au moyen d'une ligne très-légèrement courbe, qui est le *galbe* de la colonne.

Une colonne complète se compose de trois parties (fig. 1) : la *base* (A), le *fût* (B) et le *chapiteau* (C). Au-dessus de la colonne, s'élève l'*entablement* lequel se divise également en trois parties : l'*architrave* (D), la *frise* (E) et la *corniche* (F). Quelquefois enfin une colonne est supportée par un *piédestal*, où l'on trouve encore trois parties : la *base* (G), le *dé* (H) et la *corniche* (I).

Les formes, les proportions et les ornements des colonnes, des entablements et des piédestaux varient beaucoup ; mais on a constitué trois genres ou *ordres* de colonnes, dans lesquels ces choses sont régulièrement ordonnées. Ce sont :

L'*ordre dorique*, le plus simple de tous, et celui dont les colonnes sont le plus courtes ;

L'*ordre ionique*, qui occupe une position intermédiaire entre les deux autres ;

L'*ordre corinthien*, qui est le plus riche et dont les colonnes sont le plus élancées.

Quelques auteurs ont donné le nom d'*ordre toscan* à un ordre dorique simplifié, et celui d'*ordre composite* à une ordonnance qui ne diffère de la corinthienne que par un détail du chapiteau de la colonne. Ils admettent, en conséquence, cinq ordres de colonnes au lieu de trois ; mais ce système est peu judicieux et n'a pas prévalu.

Chacun de ces trois ordres de colonnes a eu son point de départ chez le peuple dont il rappelle le nom, et de l'esprit duquel il porte l'empreinte. Austérité, élégance, richesse : tels sont les caractères respectifs des trois ordres.

Afin de mieux graver dans l'esprit les proportions de ces ordres, on est convenu de les exprimer, non pas en fonction de l'unité habituelle de mesure, telle que le mètre, mais d'après le rayon de la colonne à son pied, auquel on donne le nom de *module* et qu'on divise en trente parties ou *minutes*. Tous les dessins des planches VII, VIII, IX, X, XI, XII et XIII sont cotés de la sorte.

Figure 1. Plan et élévation de colonnes d'ordre dorique.

Les colonnes sont espacées de 7 modules 1/2 d'axe en axe, et elles ont 16 modules ou 8 diamètres de hauteur.

L'entablement a $4^{mod.}$ $5^{min.}$ de hauteur.

Le piédestal a 5 modules de hauteur.

Les planches VIII et IX donnent sur une grande échelle, l'une le chapiteau de la colonne et l'entablement, l'autre la base de la colonne et les ornements du piédestal.

Figure 2. Plan et élévation de colonnes d'ordre ionique.

Les colonnes sont espacées de 6 modules 3/4 d'axe en axe, et elles ont 18 modules ou 9 diamètres de hauteur.

L'entablement a $4^{mod.}$ $5^{min.}$ de hauteur.

Le piédestal a 5 modules 1/2 de hauteur.

Les planches X et XI représentent sur une grande échelle, l'une le chapiteau de la colonne et l'entablement, l'autre la base de la colonne et les ornements du piédestal.

Figure 3. Plan et élévation de colonnes d'ordre corinthien.

Les colonnes sont espacées de 6 modules d'axe en axe, et elles ont 20 modules ou 10 diamètres de hauteur.

L'entablement a $4^{mod.}$ $5^{min.}$ de hauteur.

Le piédestal a 6 modules de hauteur.

Les planches XII et XIII représentent sur une grande échelle, l'une le chapiteau de la colonne et l'entablement, l'autre la base de la colonne et les ornements du piédestal.

PLANCHE VIII

CHAPITEAU ET ENTABLEMENT D'ORDRE DORIQUE

FIGURE 1. Plan du chapiteau et de l'entablement.

FIGURE 2. Élévation du chapiteau et de l'entablement.

Toutes les mesures de ces dessins sont exprimées en minutes, et il en est de même pour ceux des cinq planches suivantes. On voit que le rayon de la colonne au sommet n'a que 25 minutes, tandis que celui du pied en a 30.

Le chapiteau se compose de plusieurs parties :

A, le *tailloir*, lequel est de forme carrée, ainsi que le montre le plan, et est couronné par un petit talon avec filet ;

B, l'*échine*, dont la forme est celle d'un quart de rond ;

C, les *filets de l'échine* ;

D, le *gorgerin* ;

E, l'*astragale*, qui termine le fût de la colonne et le sépare du chapiteau. L'astragale est comprise dans la hauteur du fût.

On remarque dans la frise des ornements de forme rectangulaire en saillie peu prononcée ; ce sont les *triglyphes* (F). Les intervalles (G) qui les séparent portent le nom de *métopes*. Les triglyphes rappellent les têtes des poutres qui, dans les plus anciennes constructions de la Grèce, où les entablements étaient exécutés en charpente, supportaient le plancher couvrant le passage ménagé entre une rangée de colonnes et le mur de l'édifice.

Au-dessous du filet qui couronne l'architrave et la sépare de la frise, et au droit de chaque triglyphe, sont de petits ornements en forme de chevilles qu'on appelle les *gouttes* de l'architrave.

La corniche se compose ainsi qu'il suit :

La *cimaise supérieure* (H), laquelle est un cavet.

Le *larmier* (I), qui est couronné par un petit talon avec filet. La face inférieure du larmier est en pente, et est décorée de tables saillantes, lesquelles sont placées au-dessus des triglyphes et portent trois rangs de *gouttes* analogues à celles de l'architrave. Ces tables ont reçu le nom de *mutules*.

La *cimaise inférieure* (J) est un talon. Elle est, en partie, masquée par le larmier sur l'élévation; mais la coupe (fig. 3) la montre en entier, et rend compte en même temps de l'inclinaison de la face inférieure du larmier ainsi que du profil des mutules.

PLANCHE IX

BASE ET PIÉDESTAL D'ORDRE DORIQUE

FIGURE 1. Plan de la base de la colonne et projection de l'arête supérieure de la corniche du piédestal.

FIGURE 2. Élévation de la base de la colonne ainsi que de la corniche et de la bas e du piédestal.

La base se compose d'une *plinthe*, d'un *tore* et d'une *baguette*. Le filet qui la surmonte fait partie du fût de la colonne.

PLANCHE X

CHAPITEAU ET ENTABLEMENT D'ORDRE IONIQUE

FIGURE 1. Moitié du plan du chapiteau.

FIGURE 2. Élévation du chapiteau et de l'entablement. A, *tailloir* formé d'un talon avec filet; B, B, *volutes;* C *quart de rond;* D *astragale.*

FIGURE 3. Moitié de la face latérale du chapiteau. B, projection latérale d'une des volutes; E, *balustre* du chapiteau.

On voit que le chapiteau ionique consiste en une sorte de coussin dont les extrémités se recourbent et qui supporte le tailloir. Il en résulte que ses quatre faces ne sont pas semblables; il a deux faces principales, celles qui montrent les *volutes*, et deux faces latérales plus simples (E, fig. 3) qui présentent les côtés des volutes, auxquels on donne le nom de *balustres*.

Deux méthodes peuvent être employées pour tracer les volutes.

La première, qui est la plus usitée, consiste à former la volute d'une suite d'arcs de cercle tangents entre eux. Elle est indiquée par la figure 4 qui est exécutée sur une assez grande échelle pour la bien faire comprendre.

De l'extrémité inférieure *a* du talon du tailloir, on abaisse une verticale ; on porte sur cette ligne une longueur de 17 minutes à partir du point *a*, et du point de division ainsi obtenu, comme centre, on décrit une circonférence de cercle de 3 minutes 3/4 de diamètre ; cette circonférence forme *l'œil de la volute*. On y inscrit un carré dont les côtés sont inclinés à 45°, ainsi qu'on le voit sur la figure 4 et mieux encore sur la figure 5, qui est dessinée sur une plus grande échelle ; puis on mène par le centre des lignes parallèles aux côtés du carré, et les points où elles rencontrent ces côtés sont pris successivement pour centres des quatre premiers arcs de cercle de la volute. Ainsi on décrit d'abord l'arc *ab*, et on le prolonge jusqu'à la rencontre de l'horizontale 1 *b* passant par son centre ; du point 2, comme centre, l'on décrit un autre arc *bc* jusqu'à sa rencontre avec la verticale abaissée de ce point ; la pointe du compas se porte alors au point 3, d'où l'on décrit l'arc *cd*, et de là en 4, qui est le centre de l'arc *de*. Pour continuer le tracé, l'on divise chacune des lignes 01, 02, 03, 04, de la figure 5 en trois parties égales, et les points de division sont les centres des nouveaux arcs à tracer. Le cinquième arc commence au point *e* où le quatrième coupe le prolongement de la ligne menée par les points 4 et 5, et s'arrête au point *f* à la rencontre de l'horizontale passant par le point 5. On continue en suivant la même marche, et l'on trace successivement les arcs *fg*, *gh*, *hi*, *ij*, *jk*, etc. Après avoir ainsi déterminé le contour extérieur du filet qui forme le dessin de la volute, il faut en tracer le contour intérieur, et l'on y procède de la même manière ; mais on choisit d'autres centres, car, si l'on prenait les mêmes, le filet serait de même largeur dans tout son développement, ce qui produirait un mauvais effet. On partage chacun des intervalles 1-5, 2-6, 3-7, etc. en quatre parties égales, et l'on prend pour centres successifs les points de division les plus rapprochés du centre de l'arc extérieur auquel correspond l'arc qu'il s'agit de tracer. Ainsi, le premier arc intérieur sera décrit du premier point de division de la ligne 1-5 à partir du point 1 ; le second arc aura pour centre le point le plus rapproché du point 2, et ainsi de suite jusqu'à ce qu'on rencontre l'œil de la volute. On donne 2 minutes de largeur au filet à son origine près du tailloir.

La seconde méthode (fig. 6 et 7) se pratique ainsi qu'il suit : on abaisse, comme dans la précédente, une verticale 1-5 de l'extrémité inférieure du tailloir ; l'œil de la volute a son centre également à 17 minutes au-dessous du point 1, et on lui donne 4 minutes de diamètre. Cela posé, on forme un triangle rectangle AOB (fig. 7) ayant 10 minutes 1/2 de base et 15 minutes de hauteur, on décrit l'arc AC du point O comme centre, on le divise en 24 parties égales, et l'on tire du centre O à chaque point de division une ligne qu'on prolonge jusqu'à sa rencontre avec le côté AB. On mène ensuite par le centre de la volute (fig. 6) des verticales, des horizontales et des lignes inclinées à 45 degrés, et l'on porte successivement sur elles dans l'ordre où elles se présentent en commençant par le point 1, et à partir de leur point d'intersection avec l'œil de la volute, les longueurs A1, A2, A3, etc., prises sur la figure 7. Les points 1, 2, 3, etc. appartiennent à la courbe cherchée.

On remarque dans la corniche un ornement particulier (O) qui est fréquemment employé. Il consiste en une suite de petits corps de forme rectangulaire, assez rapprochés les uns des autres : ce sont des *denticules*. On remplit habituellement par une *pomme de pin*, ainsi que le montre le dessin, le vide que laissent deux rangs de denticules se croisant à angle droit.

PLANCHE XI

BASE ET PIÉDESTAL D'ORDRE IONIQUE

FIGURE 1. Plan de la base de la colonne et projection de l'arête supérieure de la corniche du piédestal.

FIGURE 2. Élévation de la base de la colonne ainsi que de la corniche et de la base du piédestal.

PLANCHE XII

CHAPITEAU ET ENTABLEMENT D'ORDRE CORINTHIEN

FIGURE 1. Moitié du plan du chapiteau.

FIGURE 2. Élévation du chapiteau et de l'entablement.

Vitruve, l'auteur du plus ancien traité d'architecture qui soit venu jusqu'à nous, raconte ainsi qu'il suit l'origine de ce chapiteau, qui l'emporte de beaucoup en richesse sur les deux autres :

« Une jeune fille de Corinthe étant morte au moment où elle allait se marier, sa nourrice réunit dans une corbeille quelques menus objets auxquels elle s'était attachée,

3

déposa cette corbeille sur la tombe et la recouvrit d'une tuile afin de les mettre à l'abri des injures du temps. La racine d'une plante d'acanthe se trouvait par hasard en cet endroit, et lorsqu'au printemps, les feuilles et les tiges commencèrent à pousser, elles entourèrent la corbeille dont le centre était placé précisément au-dessus de la racine ; elles s'élevèrent le long de ses côtés, et quand elles rencontrèrent les angles saillants de la tuile, elles furent obligées de se recourber en décrivant des espèces de volutes. Callimaque, sculpteur célèbre par l'élégance de ses œuvres et l'habileté de son travail, vint à passer par là, remarqua la corbeille et son gracieux entourage, fut frappé de la beauté de cette nouvelle disposition, et la reproduisit dans des colonnes qu'il fit exécuter à Corinthe. »

Les diverses parties de la forme qui vient d'être décrite se reconnaissent assez bien sur le chapiteau : la corbeille apparaît dans les intervalles des feuilles, et le plateau, échancré sur chaque face, dont elle est surmontée, rappelle la tuile. La ligne ponctuée, tracée à gauche de la figure 1, donne le profil suivant le plan AB de la corbeille et de son plateau *b*, lequel a reçu le nom d'*abaque*.

On voit, en examinant cette figure, que deux rangées en feuilles prennent naissance au-dessus de l'astragale *a* qui termine le fût de la colonne ; chacune d'elles se compose de huit feuilles, dont les extrémités se courbent en forme de panaches ; la première a 20 minutes de hauteur et la seconde 40 minutes. Entre les feuilles du second rang sont des tiges d'où s'échappent de plus petites feuilles s'enroulant de manière à présenter des volutes, dont les unes vont soutenir les angles saillants de l'abaque, tandis que les autres se réunissent deux à deux au milieu de chacune des faces du chapiteau, et semblent soutenir un ornement en saillie qui a reçu le nom de *rose du chapiteau*.

Le tracé de l'abaque s'opère de la manière suivante :

On circonscrit à la projection horizontale de la colonne un carré ayant trois modules de côté (*fig.* 1), sur chacune de ses diagonales on porte une longueur *om* égale à deux modules et par les points *m* on mène des lignes à 45° (*np, qr*) qu'on prolonge jusqu'à ce qu'elles rencontrent les côtés du carré ; après avoir ainsi tracé les projections des parties saillantes de l'abaque, on décrit des points *n, p, q, r* des arcs de cercle ayant pour rayon la longueur *pq*, et des points où ils se coupent et avec le même rayon, on trace les arcs de cercle tels que *pstq*, qui forment les évidements de chacune des faces principales de l'abaque.

Le profil vertical de l'abaque consiste en un quart de rond et un cavet de faible saillie que sépare un petit filet.

De même que le chapiteau, l'entablement corinthien est beaucoup plus riche que les autres. Ses moulures sont habituellement couvertes d'ornements sculptés, et outre les denticules dont il a été question à propos de l'ordre ionique, on trouve dans sa corniche des corps en saillie qui semblent supporter le larmier, dont la forme est à la fois riche et élégante et auxquels on a donné le nom de *modillons*. Entre ces modillons, le dessous du larmier présente des enfoncements nommés *caissons*, qui sont décorés de rosaces.

Les FIGURES 3 et 4 représentent respectivement le plan des modillons et de la face inférieure du larmier, et une coupe prise par le milieu d'un caisson.

La FIGURE 5 est une coupe prise entre deux denticules, pour montrer une sorte de languette à laquelle on a souvent recours, afin d'augmenter la richesse de l'ornementation.

PLANCHE XIII

BASE ET PIÉDESTAL D'ORDRE CORINTHIEN

FIGURE 1. Plan de la base de la colonne et projection de l'arête supérieure du piédestal.

FIGURE 2. Élévation de la base de la colonne, ainsi que de la corniche et de la base du piédestal.

PLANCHE XIV

ARCADES

Les arcades admettent des formes très-diverses, tant pour leurs points d'appui que pour les arcs qui les constituent.

Il est des arcs en ogive, des arcs en anse de panier, des arcs en plein cintre ; ces derniers, lesquels sont engendrés par une demi-circonférence de cercle, sont presque seuls en usage aujourd'hui.

Les points d'appui les plus simples et les plus habituels sont de forme rectangulaire ; ils ont reçu le nom de *pieds-droits*.

FIGURE 1. Plan et élévation d'arcades en plein cintre sur pieds-droits décorés de refends.

Sur le côté gauche de la figure, les refends couvrent toute la construction ; sur le côté droit, il n'y en a pas dans ce qu'on appelle le *tympan* de l'arcade, espace compris entre deux arcs consécutifs.

Les pieds-droits sont munis d'un socle M à leur base, et sont couronnés par un bandeau N qui porte le nom d'*imposte*. Le centre de la demi-circonférence est toujours élevé d'une petite quantité au-dessus de l'arête supérieure du bandeau, afin que la saillie de cet ornement ne masque pas une partie de la courbe.

Les dessins de cette figure, comme ceux des figures suivantes sont cotés en modules et en minutes. On a pris pour module la 9ᵉ partie de l'ouverture de l'arcade.

La FIGURE 4 donne le profil, sur une plus grande échelle, de la corniche qui couronne les arcades.

FIGURE 2. Plan et élévation d'arcades en plein-cintre sur pieds-droits, décorés d'impostes et d'archivoltes.

Il n'y a plus de refends; l'imposte (S) est plus riche que dans l'exemple précédent, et l'arc est entouré d'un ornement qui s'appelle une *archivolte* (T).

A raison de la saillie de l'imposte, le centre de l'arc est placé à 5 min. au-dessus de l'arête supérieure de cet ornement.

Les FIGURES 5, 6 et 7 donnent respectivement les profils sur une plus grande échelle de l'archivolte, de l'imposte et de la corniche.

FIGURE 3. Plan et élévation d'arcades en plein cintre sur colonnes.

Les colonnes sont d'ordre dorique, mais la réduction du diamètre supérieur est plus faible qu'à l'ordinaire. Elles sont cotées avec un module égal, non pas au rayon à la base, mais à la 9ᵉ partie de l'ouverture, comme celui des arcades précédentes.

Les FIGURES 8 et 9 représentent respectivement le profil de l'archivolte et celui de la corniche rapportés à une plus grande échelle.

PLANCHE XV

ARCADES SUR PIEDS-DROITS DÉCORÉS DE COLONNES

Quelquefois, dans un but d'ornementation, on applique des colonnes contre les pieds-droits des arcades, et on les surmonte de leur entablement. On a ainsi des arcades d'ordre dorique, d'ordre ionique ou d'ordre corinthien.

Les FIGURES 1, 2 et 3 représentent respectivement ces trois genres d'arcades. Elles ont pour module le rayon de la colonne à sa base, et ce module varie d'une figure à l'autre, parce qu'on a voulu observer les mêmes espacements de colonnes, afin de bien faire sentir la différence des proportions.

Les colonnes sont en saillie sur les pieds-droits des 2/3 de leur diamètre.

Les FIGURES 4, 5 et 6 donnent les profils, sur une échelle assez grande pour les faire comprendre, des impostes et des archivoltes des arcades sous lesquelles ils sont placés.

Les FIGURES 7 et 8 offrent des exemples des *clefs* qui occupent le sommet des arcades et semblent concourir avec les colonnes à supporter l'entablement.

PLANCHE XVI

FENÊTRES

Les fenêtres admettent des formes et des proportions très-diverses. Il en est de très-simples, d'autres sont richement décorées.

La FIGURE 1 fait connaître la disposition habituellement donnée aux fenêtres dans le sens de l'épaisseur du mur. On voit sur le plan et sur la coupe, qui est dessinée au-dessus, que cette épaisseur est divisée en trois parties : au dehors est le *tableau*, auquel on donne ordinairement de 0^m,20 à 0^m,22 de profondeur; puis vient la *feuillure*, intervalle destiné à recevoir le châssis en menuiserie; enfin, du côté de l'intérieur, est l'*embrasure*. L'embrasure se prolonge presque toujours jusqu'au sol de la salle éclairée par la fenêtre, ainsi que le montre la coupe.

FIGURE 2. Fenêtre encadrée en pierres de taille avec refends. L'ouverture est terminée à sa partie supérieure par un arc de cercle.

FIGURE 3. Fenêtre de mêmes dimensions, encadrée en briques, avec clef en pierre de taille.

FIGURE 4. Fenêtre de forme rectangulaire, entourée d'un cadre qui constitue ce qu'on appelle le *chambranle* de la fenêtre.

Le chambranle est quelquefois de même largeur dans tout son développement, et tel est celui de la figure 6 ; quelquefois aussi il est accompagné, comme dans la figure 4 de *crossettes* dans les angles, et la hauteur de la partie horizontale l'emporte un peu sur la largeur de ses côtés. Le profil du chambranle est dessiné sur une plus grande échelle à gauche de la figure, et au-dessous se voit celui de l'appui.

FIGURE 5. Fenêtre en arcade, entourée d'un chambranle dont le profil est rapporté à droite ainsi que celui de l'appui.

Figure 6. Fenêtre rectangulaire avec corniche et appui complet. A gauche se voient les profils de cette figure rapportés sur une plus grande échelle.

Figure 7. Fenêtre en arc de cercle, avec corniche, clef et appui complet. Les détails des divers profils sont placés à droite.

Le système de cotes par modules et minutes qui a été suivi jusqu'ici pourrait être appliqué aux fenêtres, mais ce n'est pas l'usage, et les dessins de cette planche, de même que tous ceux qui suivent, sont cotés en mètres et en millimètres.

PLANCHE XVII

PORTES

Les portes les plus simples reçoivent des dispositions analogues à celles qui viennent d'être indiquées pour les fenêtres; mais les édifices d'une certaine importance peuvent exiger des formes plus riches et plus accentuées.

La planche XVII donne trois exemples de portes de ce genre.

Figure 1. Porte avec chambranle et fronton, tirée du palais du Louvre, à Paris. Une coupe prise par le milieu du fronton est dessinée dans l'intérieur de la porte, à une grande échelle.

Figure 2. Porte d'entrée du petit palais Massimi, à Rome, par Balthazar Peruzzi, l'un des plus grands architectes du seizième siècle.

Les extrémités de la corniche sont soutenues par des *consoles*, dont le profil sur une plus grande échelle est placé dans l'ouverture de la porte. Les espèces de pilastres appliqués contre le chambranle semblent supporter les consoles; ce sont des *contre-chambranles*.

Figure 3. Porte décorée de refends et de pilastres supportant un entablement et un fronton. Elle est d'un fort beau caractère, et est attribuée à Palladio, célèbre architecte italien.

PLANCHE XVIII

PORTES EN ARCADES

Les portes de grande ouverture, telles que les portes cochères donnant entrée dans les cours d'hôtels d'une certaine importance, reçoivent souvent la forme d'arcades en plein-cintre. La planche XVIII donne trois exemples de portes de ce genre, qu'elle représente en plan et en élévation.

FIGURE 1. Porte du dessin de Serlio, architecte italien, appelé en France par François I⁰ʳ. Elle est accompagnée de pilastres réunis par un entablement très-simple, et le tout est décoré de bossages.

La FIGURE 2 est tirée d'un des grands hôtels du faubourg Saint-Germain, à Paris ; elle montre plus de richesse et d'élégance que la précédente.

La porte que représente la figure 3 est un peu moins élevée que les autres, et offre une disposition qui se recommande en plusieurs circonstances.

On n'a pas jugé nécessaire de reproduire les moulures de ces portes sur une plus grande échelle, parce qu'elles sont très-simples et que les planches précédentes ont dû familiariser le lecteur avec ces formes.

PLANCHE XIX

CORNICHES DE COURONNEMENT

Les diverses corniches des ordres d'architecture peuvent être employées pour terminer un édifice à sa partie supérieure ; mais il convient parfois d'avoir recours à des formes plus accentuées.

FIGURE 1. Corniche de couronnement du palais de la Chancellerie, à Rome, par Bramante. Cette corniche est d'un grand effet. Son larmier est soutenu par de vigoureuses consoles qui occupent toute la hauteur de la frise.

FIGURE 2. Corniche de couronnement de la façade du Louvre tournée du côté du palais des Tuileries. Elle est précédée d'une frise décorée de feuillages enroulés, et son larmier est soutenu par des modillons d'une grande fermeté. Elle a été composée par l'architecte Le Mercier, sous le règne de Louis XIII.

Les FIGURES 3 et 4, plus simples que les précédentes, sont empruntées, la première à une petite église construite par Vignole dans le faubourg du Peuple, à Rome, la seconde à l'église du Rédempteur, à Venise, laquelle est due à Palladio.

PLANCHE XX

Le nom de balustrades, qui ne devrait s'appliquer qu'à des garde-corps formés de balustres, a reçu une acception plus générale, et s'emploie habituellement pour désigner tous ceux de ces ouvrages dans lesquels la décoration est de quelque importance.

Figures 1, 2 et 3. Élévation, coupe et plan d'une balustrade très-simple consistant en dalles reposant sur un petit socle et maintenues à leurs extrémités par des dés en pierre.

Figures 4 et 5. On obtient plus de richesse en traçant des dessins sur les dalles et surtout en les évidant. Ces figures représentent l'élévation et la coupe d'une balustrade antique trouvée dans les environs de Rome. Cette balustrade est exécutée en marbre blanc.

Figures 6 et 7. Élévation et coupe d'une balustrade avec balustres, laquelle est tirée du petit palais Farnèse, construit à Rome par Balthasar Peruzzi.

Figures 8 et 9. Cette balustrade est empruntée au palais de Caprarola, près de Rome, l'œuvre la plus considérable du célèbre architecte Barrozzio da Vignola. Moins élégante, elle présente en revanche plus de solidité que la précédente.

Dans toutes deux, les séries de balustres sont interrompues de distance en distance par des dés qui sont destinés à assurer la stabilité de l'ouvrage.

Figure 10. Cette figure représente un système de balustrade qui a été fréquemment employé dans ces dernières années. On a indiqué sur cette figure, à peu de distance du dé principal, un dé secondaire moins saillant et moins large, auquel on donne le nom d'*alette*, et qui est parfois employé dans un but de consolidation ou quand la partie évidée paraît trop longue.

Figure 11. Dans les constructions exécutées en briques en totalité ou en partie, on compose souvent les balustrades de mêmes matériaux ou de tuiles creuses. L'exemple mis sous les yeux du lecteur suppose que les dés, le socle et la petite corniche sont en pierres de taille, et montre, d'un côté des briques formant un dessin à jour, de l'autre des tuiles superposées.

PLANCHE XXI

ASSEMBLAGES DE CHARPENTE

FIGURES 1 et 2. *Assemblage à tenon et mortaise* de deux pièces se rencontrant à angle droit. Le tenon est une saillie ménagée à l'extrémité d'une pièce de bois; il pénètre dans la mortaise, qui doit avoir exactement la même largeur que lui, mais un peu plus de profondeur qu'il n'a de saillie. L'assemblage est maintenu par une cheville en bois qui traverse le tenon et les *joues* de la mortaise.

FIGURE 3. *Assemblage à tenon et mortaise avec embrèvement.* On a recours à cet assemblage pour les pièces qui se rencontrent obliquement. La pièce qui porte la mortaise est entaillée afin que le tenon n'ait pas seul à supporter la pression tendant à faire glisser l'une des pièces. Cette entaille constitue l'embrèvement.

FIGURE 4. *Assemblage à oulice.* Moins solide que les précédents, il a le mérite de moins affaiblir la pièce mortaisée. Il est fréquemment employé dans la construction des *pans de bois*.

FIGURE 5. *Renfort en chaperon avec about carré.*

FIGURE 6. *Renfort en dessous*

Les dispositions de ces deux assemblages ont pour but d'augmenter la résistance du tenon.

FIGURE 7. *Assemblage à tenon passant.* Le tenon traverse de part en part la pièce mortaisée; une sorte de clef est placée en travers du tenon au-dessous de cette dernière pièce.

FIGURE 8. *Assemblage à queue d'hironde avec clef.* Le tenon est en forme de queue d'hironde; la clef est de même épaisseur que lui, et le serre dans la mortaise, laquelle traverse habituellement la pièce.

FIGURE 9. *Assemblage à entailles et onglets.*

FIGURE 10. *Assemblage à onglet à plat joint avec clef.* Les deux pièces sont coupées d'onglet dans toute leur hauteur, et l'assemblage est formé par une clef *abc* que maintiennent des chevilles.

FIGURE 11. *Assemblage à mi-bois.*

FIGURE 12. *Assemblage à trait de Jupiter avec clef.* Cet assemblage est employé pour réunir deux pièces bout à bout; la clef les serre l'une contre l'autre.

FIGURE 13. *Enture à entaille.* S'emploie surtout lorsqu'on prévoit que, lors du

4

levage de la charpente, on sera obligé d'entrer la pièce supérieure par le côté.

FIGURES 14 et 15. *Assemblage à rainure et languette ou à fausse languette.* S'emploie pour unir deux pièces de bois dans le sens de leur longueur. Une *rainure* est pratiquée sur l'une des faces en contact, et une *languette*, sorte de tenon continu, est ménagée sur l'autre. On préfère souvent ouvrir une rainure sur chacune d'elles, et y loger une tringle faisant fonction de languette.

FIGURE 16. *Assemblage longitudinal avec queues d'hironde et clefs.* De doubles queues d'hironde pénètrent de distance en distance dans les deux pièces et sont serrées par des clefs. Les pièces sont mieux assujetties que dans le système précédent, mais elles sont plus affaiblies.

FIGURE 17. *Assemblage à plats-joints avec ou sans rainures et languettes, et avec boulons.* Assemblage plus efficace que les précédents.

FIGURE 18. *Assemblage à entailles avec boulons.*

FIGURE 19. *Assemblage avec clefs et brides en fer.*

Les entailles et les clefs ont pour but de prévenir le glissement des pièces dans le sens de la longueur, les boulons et les brides de s'opposer à leur écartement. Ce dernier mode d'assemblage longitudinal est le plus efficace de tous; mais il est plus dispendieux que les autres. La figure 20 représente une coupe.

PLANCHE XXII

PANS DE BOIS

Un pan de bois se compose de pièces de bois verticales, maintenues dans leur position par des pièces horizontales et des pièces inclinées. Les intervalles qui séparent toutes ces pièces de charpente sont remplis en maçonnerie. Afin de le soustraire autant que possible aux atteintes de l'humidité, on établit toujours le pied d'un pan de bois à une certaine hauteur au-dessus du sol. Le petit mur auquel on a recours à cet effet a reçu le nom de *parpaing.*

FIGURE 1. Pan de bois comprenant un rez-de-chaussée et un étage, avec fenêtres et porte-cochère.

A, *sablière inférieure ;*

B, *poteau cornier ;*

C, *poteau d'huisserie ;*

D, *écharpe ;*

E, *tournisse;*

F, *linteau;*

G, *potelet de remplage.*

Ces diverses pièces s'assemblent à tenons et mortaises, et les principaux assemblages sont consolidés par des ligatures en fer.

Figures 2, 3, 4, 5 et 6. Les pans de bois sont souvent revêtus d'un enduit en mortier ou en plâtre, et les pièces de bois n'ont pas besoin alors d'être bien régulièrement travaillées, sauf en ce qui est des assemblages ; mais il est mieux de laisser ces pièces en évidence, de les équarrir avec soin, et d'arrêter contre elles la partie du travail qui s'exécute en maçonnerie. On a soin de les peindre à l'huile dans le but de leur assurer de la durée, et leurs couleurs ainsi que leur diversité sont appelées à donner du caractère et de l'agrément à la construction.

On s'attache habituellement dans ce cas à disposer les panneaux du pan de bois avec plus d'élégance et de régularité que n'en présentent ceux de la figure 1, quoiqu'il en résulte un peu plus de dépense. Les figures que le lecteur a sous les yeux lui offrent divers exemples de ces dispositions, lesquels ont été pris dans celles de nos provinces où les pans de bois sont d'un usage habituel.

Les remplissages s'exécutent en plâtre ou en petits moellons recouverts d'un enduit ou même de carreaux de faïence. Quelquefois on emploie à cet effet des briques qu'on laisse apparentes.

Figures 7 et 8. Élévation et coupe d'un pan de bois couvert par un enduit. Après avoir rempli en maçonnerie les intervalles des pièces de la charpente, on cloue sur elles des lattes en bois de chêne, qu'on espace tant plein que vide, et qui sont destinées à maintenir l'enduit, lequel sans cela n'adhérerait pas suffisamment à la construction.

PLANCHE XXIII

PLANCHERS EN CHARPENTE

Les planchers les plus simples consistent en pièces de bois posées parallèlement, qui s'appuient sur les murs par chaque extrémité, ainsi que le représente la figure 1. Ces pièces sont d'équarrissage moyen et portent le nom de *solives.*

Figure 2. Lorsque la distance qui sépare les murs dépasse une certaine limite, on

serait obligé de donner aux solives de trop fortes dimensions si l'on voulait suivre
ce système, et l'on a recours à des *poutres* A, qui vont d'un mur à l'autre et qui supportent les extrémités des solives au moyen de *lambourdes* B, B. Les lambourdes
sont fixées aux poutres par des *étriers* en fer, et tantôt elles se montrent en dessous
du plancher, comme le représente la figure 3, tantôt elles sont entaillées ainsi que les
solives, de manière que ces dernières affleurent la face inférieure de la poutre (fig. 4).

La première de ces dispositions est indiquée sur la figure 2, au-dessous de la
poutre ; la seconde l'est au-dessus.

Les poutres doivent toujours reposer sur les parties les plus résistantes des murs;
ainsi l'on n'en doit jamais placer au-dessus de portes ou de fenêtres. On consolide leurs
scellements par des *ancres* en fer avec *plates-bandes*, et quelquefois on fait soutenir
leurs extrémités par des consoles en pierre, comme le montre la figure 5.

Les planchers des maisons d'habitation exigent en général des dispositions spéciales,
à raison des cheminées et de leurs tuyaux, dont il faut écarter les pièces de bois, et
aussi des ouvertures au-dessus desquelles on évite de sceller des solives. La figure 6
offre des exemples de ces dispositions. On donne le nom de *chevêtres* à des pièces telles
que A, A, qui sont assemblées à tenon et mortaise dans des solives un peu plus fortes
que les autres, qu'on appelle *solives d'enchevêtrure* (B, B). Les solives ordinaires C, C
sont assemblées dans les chevêtres. Les chevêtres sont suspendus aux solives d'enchevêtrure au moyen d'étriers en fer, lesquels concourent ainsi avec les tenons à la
solidité de la construction. Les chevêtres tels que D, D qui sont scellés par une
extrémité dans le mur, prennent le nom de *faux chevêtres*. Des bandes de fer coudées
s'appuient au devant des cheminées sur les chevêtres et solives d'enchevêtrure, et
supportent le massif en maçonnerie sur lequel s'établit le foyer.

Quelquefois, afin d'éviter d'affaiblir le mur par des scellements trop multipliés, on
fait reposer les solives sur des lambourdes E, E, appliquées contre la maçonnerie et
soutenues par des corbeaux en fer ; mais ce système est peu usité.

Quatre dispositions principales sont employées pour fermer les intervalles des
solives.

FIGURE 7. Des planches jointives sont clouées sur les solives. Ce système, le plus
simple et le plus économique de tous, présente deux inconvénients : le plancher est
très-sonore, et la clôture n'est plus complète dès que les joints des planches viennent
à s'ouvrir.

FIGURE 8. On place au-dessus des solives un rang de planches ou de lattes sur
lesquelles on étend une couche de mortier ou de plâtre, qui supporte le carrelage ou
le parquet.

FIGURE 9. On peut diminuer encore la sonorité du plancher et rendre la clôture plus efficace, en appliquant entre les solives une couche de mortier ou de plâtre. On établit ainsi ce qu'on appelle des *entrevoux plafonnés*.

FIGURE 10. Dans ces trois systèmes, les solives sont apparentes en dessous, et il n'y a pas d'inconvénient, il y a même avantage en plusieurs circonstances; mais, dans la plupart de nos habitations, on préfère masquer les solives par un plafond, et l'on opère de la manière suivante : on cloue des lattes sur la face inférieure des solives, dans une direction perpendiculaire à la leur; au-dessus de ces lattes, qui se touchent presque, on établit une aire en plâtre ou en mortier qui se relève contre les solives, de manière à former une sorte de canal; puis on plafonne sous ces lattes. On a soin d'enfoncer à moitié de vieux clous contre les faces latérales des solives, afin d'assurer l'adhérence du plâtre ou du mortier.

La partie supérieure du plancher s'exécute ainsi qu'il a été dit tout à l'heure.

PLANCHE XXIV

COMBLES EN CHARPENTE

Un comble en charpente se compose de pièces de bois de faible équarrissage, qui sont dirigées dans le sens de la pente du toit, et sur lesquelles se clouent les planches ou les lattes de la couverture; elles ont reçu le nom de *chevrons*. Les chevrons s'appuient à leur pied sur une pièce de bois horizontale nommée *sablière*, et à leur sommet sur une autre pièce également horizontale, qui est le *faîtage;* ils sont soutenus en outre, en un ou plusieurs points de leur longueur, par des pièces parallèles aux précédentes, qu'on appelle des *pannes.*

FIGURE 1. A, chevron ; B, sablière; C, faîtage; D, panne. Quand le comble est précédé par une corniche et qu'on veut rejeter les eaux pluviales immédiatement au dehors, on cloue sur chaque chevron, près de son pied, une petite pièce de bois (*un coyau* E), qui s'appuie sur l'extrémité de la corniche et permet de prolonger la couverture jusque-là.

Quand il n'y a pas de corniche, on fait aller les chevrons au delà de la sablière, sur laquelle on les cloue, et on les double, on les triple même quelquefois, lorsque leur saillie est considérable. Ces dispositions sont représentées par les figures 2 et 3.

Le faîtage et les pannes s'appuient sur les pignons et sur les murs de refend de l'édifice, et la charpente du comble ne réclame pas d'autres pièces que celles dont on vient de parler, pourvu que ces murs ne soient pas trop espacés. Si cette condition n'était pas remplie, il faudrait avoir recours à des *fermes* pour soutenir le faîtage et les pannes, en un ou plusieurs points de leur longueur.

La Figure 4 représente une ferme qui conviendrait à un comble de 8 mètres d'ouverture environ. Cette ferme se compose des pièces dont l'énumération suit :

A, A, *arbalétriers*. Ils sont dirigés suivant la pente du toit et supportent les pannes et le faîtage, cette dernière pièce par l'intermédiaire d'une pièce verticale B, le *poinçon*, dans laquelle ils s'assemblent à leur partie supérieure.

C, *tirant* ou *entrait*. Pièce horizontale, qui reçoit et maintient le pied des arbalétriers.

D, *contre-fiches*. Elles s'opposent à la flexion des arbalétriers, dans lesquels elles sont assemblées, et sont également assemblées dans le poinçon.

Des liens en fer fixent le pied des arbalétriers contre l'entrait, et un étrier en même métal, fixé au poinçon, soutient cet entrait, au milieu de sa longueur. De petits tasseaux E, E, cloués sur les arbalétriers, au-dessous des pannes, s'opposent au glissement de ces dernières pièces. Ce sont des *chantignolles*.

Quoique le faîtage soit assemblé avec le poinçon à tenon et mortaise, il est nécessaire de recourir à une disposition spéciale pour maintenir la ferme dans le plan vertical. On emploie à cet effet, ainsi que le représente la figure 5, qui est une coupe prise perpendiculairement à la direction de la ferme, des *aisseliers* F, F, pièces inclinées, assemblées à tenon et mortaise, à la fois dans le poinçon et dans le faîtage.

Figure 6. Comble *brisé* ou comble à la *Mansard*. Cette disposition se recommande quand on veut établir des logements dans le comble

A, A, arbalétriers :

B, B, jambes de force ;

C, entrait ;

D, tirant ;

E, E, aisseliers ;

F, F, jambettes ;

G, G, pannes de brisis ; elles sont assemblées avec l'entrait ;

H, poinçon.

PLANCHE XXV

MENUISERIE

La menuiserie embrasse tous les ouvrages qui s'exécutent en planches, plus ou moins épaisses, en *bois menus*, tels que parquets, lambris, portes, croisées, persiennes, etc.

Les planches étant sujettes à prendre sous l'action de l'humidité des mouvements de contraction et de dilatation, surtout dans le sens de leur largeur, on dispose autant que possible ces ouvrages ainsi que leurs assemblages de manière que ces variations soient sans inconvénient et puissent se produire librement. S'il n'était pas satisfait à cette dernière condition, les planches se voileraient quand elles absorberaient de l'humidité et se fendraient sous l'influence de la sécheresse.

FIGURE 1. Porte à un vantail à *petits cadres*. On appelle petits cadres ceux dont les moulures sont prises, sont *élégies*, dans les pièces qui constituent le *bâti* de la porte, ainsi que le montre le profil, figure 2. On voit sur ce dernier dessin que le panneau pénètre dans une rainure pratiquée sur le côté intérieur du bâti, et que par conséquent la largeur du panneau et du bâti peuvent varier entre certaines limites en toute liberté, et sans qu'il y ait ouverture d'un joint. Le panneau pénètre plus ou moins dans la rainure, y est *embrevé;* ni l'aspect ni la solidité de l'ouvrage ne s'en ressentent. L'assemblage est dit à *embrèvement*.

FIGURE 3. Porte à un vantail à *grands cadres*. On donne le nom de grands cadres à ceux dont les moulures sont en saillie sur les bâtis et sont prises dans des pièces de bois spéciales, lesquelles sont assemblées à la fois avec les bâtis et avec les panneaux. La figure 4 donne un exemple de cette disposition. On voit que le cadre porte d'un côté une rainure, qui reçoit le bord du panneau, et de l'autre deux rainures dans lesquelles pénètre le bâti. De même que dans l'exemple précédent, rien ne s'oppose aux mouvements de contraction et de dilatation, et rien ne le trahit.

Les panneaux sont composés de planches qui s'assemblent à rainures et languettes, et sont collées dans leurs joints; ces joints ne s'ouvrent pas, grâce à la liberté laissée aux mouvements du panneau, et à condition que la largeur de l'ouvrage ne dépasse pas une certaine limite.

FIGURE 5. Porte à deux vantaux à grands ou à petits cadres. Une baguette en saillie, un *couvre-joint*, masque la jonction des deux vantaux.

FIGURE 6. Porte-cochère avec petite porte pour piétons.

La figure 7, qui est une coupe prise suivant AB, montre que les deux battants se joignent à *gueule de loup*, que l'ornementation extérieure est à petits cadres, et que celle de l'intérieur est beaucoup plus simple.

FIGURES 8 et 9. Plan et élévation intérieure d'une croisée avec imposte dormante et embrasure en menuiserie.

Grâce aux progrès de l'industrie du verre, les *petits bois* des croisées, qui étaient très-rapprochés autrefois, se sont successivement espacés, et ne s'établissent aujourd'hui que dans les constructions les plus vulgaires. Le dessin mis sous les yeux du lecteur n'en comporte pas.

Les détails de la croisée sont représentés par les figures suivantes :

FIGURE 10. Coupe suivant CD. On voit que le châssis porte un *boudin* qui pénètre dans une *gorge* pratiquée sur le côté intérieur du *châssis dormant*, de manière à s'opposer à l'introduction des eaux pluviales.

FIGURE 11. Coupe suivant EF. Les deux vantaux se joignent à *gueule de loup*, également dans le but d'éviter l'entrée de la pluie.

FIGURE 12. Coupe suivant GH. Elle montre à gauche l'assemblage de l'imposte dans le linteau, à droite le recouvrement de ce linteau sur la traverse supérieure du bâti.

FIGURE 13. Coupe sur IK; en *m* est la traverse inférieure du bâti, laquelle constitue le *jet d'eau*; en *n* est la *pièce d'appui*, qui fait partie du châssis dormant, contre laquelle butte la traverse, et qui porte une petite rigole destinée à recueillir les eaux pluviales refoulées par le vent, malgré les mesures prises pour s'opposer à leur introduction, et à les renvoyer au dehors par un étroit canal qu'indiquent des lignes ponctuées.

PLANCHE XXVI

ASSEMBLAGES DE FERRONNERIE

Les constructions en fer tendent depuis quelques années à se substituer aux constructions en bois. Elles sont encore un peu plus dispendieuses dans la plupart des circonstances, mais elles présentent plus de garanties de durée.

Le fer se prête mieux que le bois aux assemblages, ainsi qu'on peut le reconnaître à l'inspection de la planche XXVI.

FIGURE 1. Assemblage à *charnière* ou à *enfourchement*. A pour but de réunir deux pièces placées dans le prolongement l'une de l'autre et appelées à résister à des efforts de traction longitudinale. L'une d'elles est terminée par une fourche dans laquelle l'autre vient s'engager. Elles sont renforcées à leur extrémité, et y sont percées d'ouvertures rectangulaires dans lesquelles s'introduit la clef simple ou double qui les assujettit.

FIGURE 2. Assemblage à talons. Il a le même objet que le précédent, est plus compliqué, et offre plus de garanties de solidité.

FIGURE 3. On a recours à cet assemblage quand on veut se réserver la faculté de rapprocher ou d'éloigner l'une de l'autre les deux pièces de fer au delà de ce que permettrait le coinçage d'une clef. Les extrémités de l'une et l'autre pièce sont taraudées sur une certaine longueur, et pénètrent dans des ouvertures pratiquées aux deux bouts d'une boucle allongée ; elles sont saisies par des écrous, qui écartent ou rapprochent suivant le sens dans lequel on les tourne.

FIGURE 4. Assemblage employé pour suspendre une pièce horizontale à une pièce verticale. Un étrier est boulonné sur la seconde et embrasse la première.

FIGURE 5. Assemblage de deux pièces qui se croisent.

FIGURE 6. Assemblage à *enfourchement* d'une pièce horizontale avec une pièce verticale. Un boulon traverse l'œil ménagé dans le *renfort* de la seconde et ceux des deux branches de la fourche.

FIGURE 7. Cet assemblage, qui est représenté en plan, en élévation d'un côté et en coupe de l'autre, a un double but : réunir entre elles deux pièces verticales, et y fixer six tirants horizontaux. Il serait presque impossible d'assembler solidement des pièces de bois dans ces conditions, tandis que le fer se prête à une excellente solution. La pièce inférieure est taraudée dans le haut et reçoit, comme elle ferait d'un écrou, la pièce supérieure qui est renforcée par le bas. Entre elles, se place une couronne horizontale qui est saisie par les fourches des tirants.

FIGURE 8. Plan et élévation d'un assemblage analogue, mais à *empatement*. Les deux pièces s'appuient sur de larges empatements ménagés aux extrémités en contact, et qui se fixent l'un à l'autre au moyen de boulons. On a supposé que les deux pièces ne sont pas placées dans le prolongement l'une de l'autre, circonstance dans laquelle on préfère cet assemblage au précédent. La même figure montre comment, au moyen d'un collier, on assujettit des pièces inclinées à une pièce verticale.

FIGURE 9. *Ancre avec plate-bande*. S'emploie principalement pour fixer une poutre en bois à son extrémité dans un mur en maçonnerie.

FIGURE 10. *Étrier*. S'emploie pour suspendre l'extrémité d'une pièce de bois, telle qu'un chevêtre, à une solive.

5

FIGURE 11. Assemblage de deux bandes de tôle. On peut les établir à recouvrement et les fixer par des *rivets*, espèces de clous qui se posent à chaud ; l'une des têtes hémisphériques est faite d'avance, l'autre se refoule sur place. Les rivets ont sur les boulons l'avantage d'être moins dispendieux et d'exercer un serrage plus énergique ; mais ils n'admettent pas autant de longueur.

L'assemblage est plus solide et d'un meilleur effet, lorsque le joint est couvert par une ou deux plates-bandes que saisissent les rivets.

Ainsi que le montre la figure 12, on multiplie les rivets, quand l'exige la hauteur des pièces ou l'effort de traction auquel elles doivent résister.

FIGURES 13 et 14. On substitue aux plates-bandes des *fers à T* ou des fers spéciaux présentant un évidement triangulaire, quand on veut renforcer une cloison en tôle dans le sens de la hauteur.

La figure 15 montre une cloison en tôle renforcée à son pied par des *cornières*, et au droit des joints par des fers à T d'un côté, par des plates-bandes de l'autre. De nombreux rivets rendent toutes ces pièces solidaires.

FIGURE 16. Assemblage de deux cloisons en tôle se croisant à angles droits. Quatre cornières placées dans les angles sont unies entre elles et aux feuilles de tôle par des rivets.

FIGURE 17. Poutre en tôle. Une feuille de tôle est saisie haut et bas par deux cornières qui y sont maintenues par des rivets. On obtient plus de résistance en ajoutant de chaque côté aux cornières une plate-bande en fer qui s'y fixe au moyen de deux rangs de rivets.

FIN

PARIS. — IMP. SIMON RAÇON ET COMP., RUE D'ERFURTH, 1.

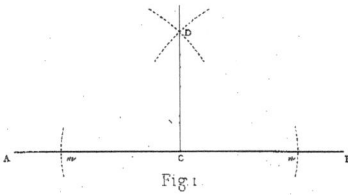

Fig 1.

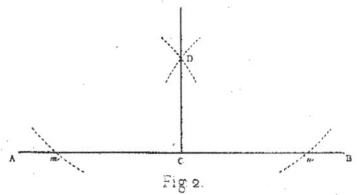

Fig 2.

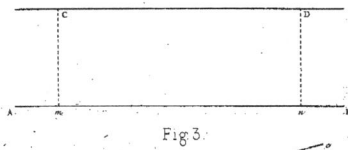

Fig 3.

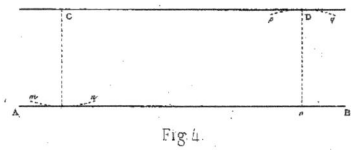

Fig 4.

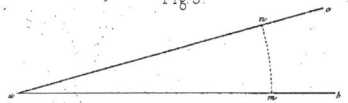

Fig 5.

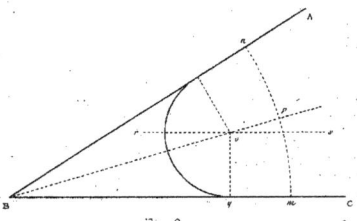

Fig 6.

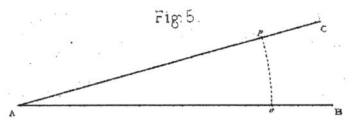

Fig 7.

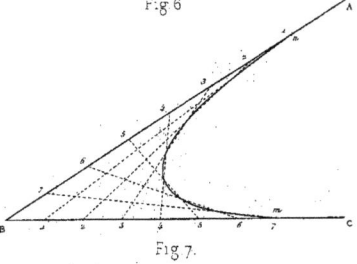

Fig 8.

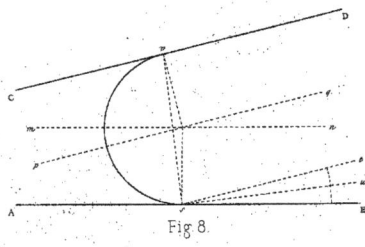

Fig 9

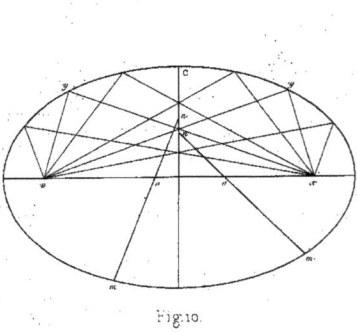

Fig 10.

TRACÉS GÉOMÉTRIQUES.

Imp. Ch. Chardon ainé, Paris.

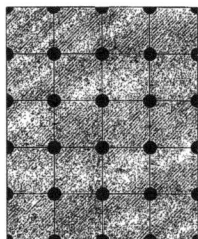

Fig 1.

Fig 2.

Fig 3.

Fig 4.

Fig 5.

Fig 6.

Fig 7.

Fig 8.

Fig 9.

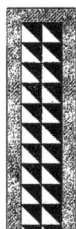

Fig 10.

Fig 15.

Fig 11.

Fig 12.

Fig 13.

Fig 14.

COMBINAISONS DE POLYGONES RÉGULIERS.

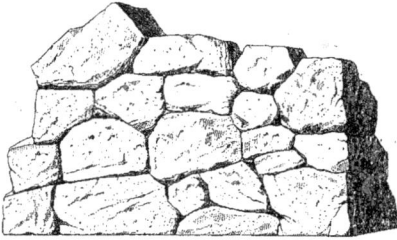

Fig. 1.

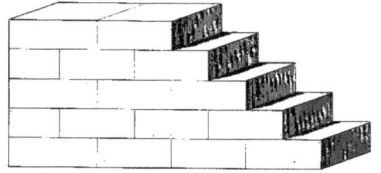

Fig. 2.

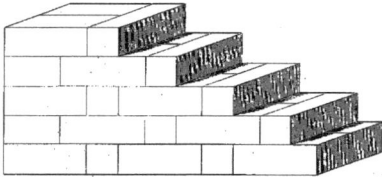

Fig. 3.

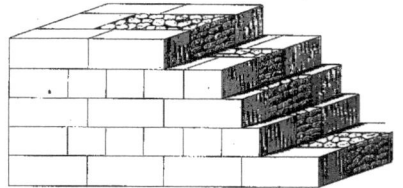

Fig. 4.

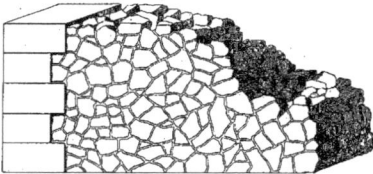

Fig. 5.

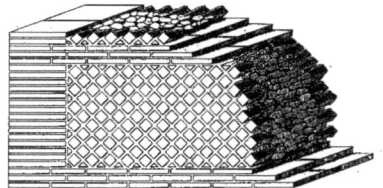

Fig. 6.

Fig. 7.

Fig. 8.

CONSTRUCTION DES MURS.

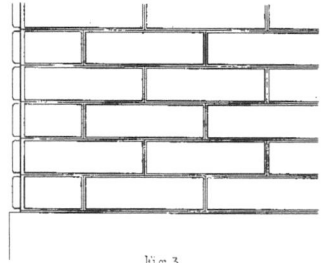

Fig. 1.   Fig. 2.   Fig. 4.   Fig. 3.

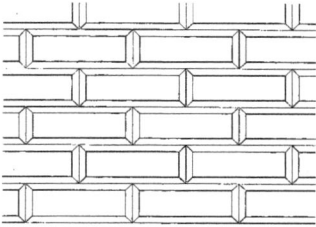
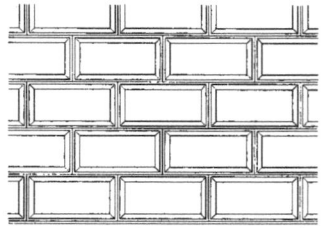

Fig. 5.   Fig. 6.   Fig. 8.   Fig. 7.

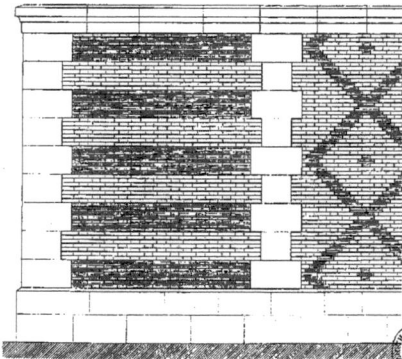
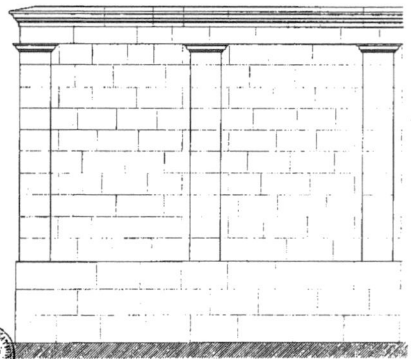

Fig. 9   Fig. 10.

DÉCORATION DES MURS.

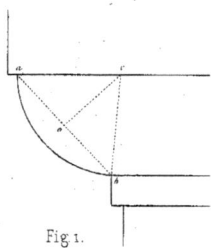

Fig. 1.

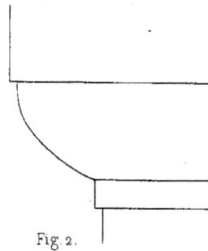

Fig. 2.

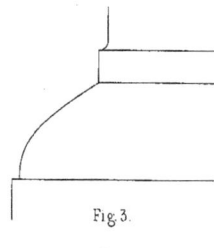

Fig. 3.

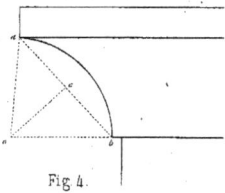

Fig. 4.

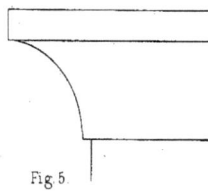

Fig. 5.

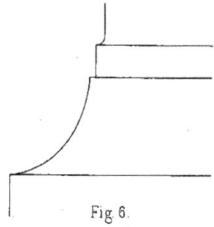

Fig. 6.

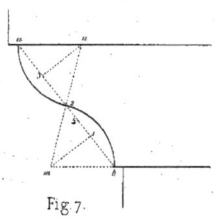

Fig. 7.

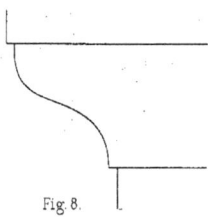

Fig. 8.

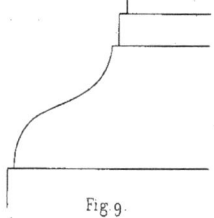

Fig. 9.

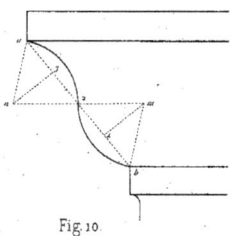

Fig. 10.

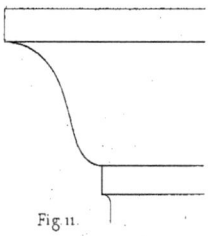

Fig. 11.

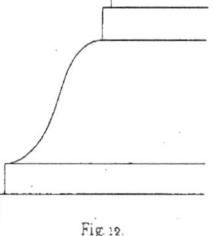

Fig. 12.

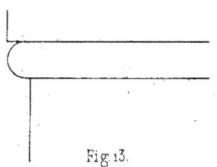

Fig. 13.

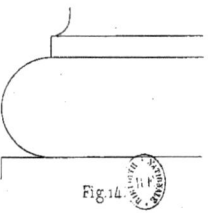

Fig. 14.

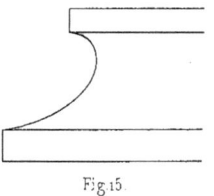

Fig. 15.

MOULURES

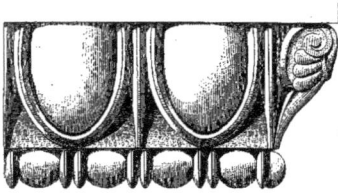

Fig. 1.

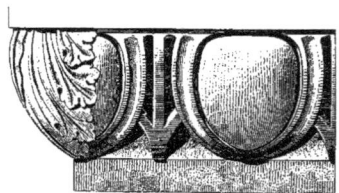

Fig. 2.

Fig. 3.

Fig. 4.

Fig. 5.

Fig. 6.

Fig. 7.

Fig. 8.

MOULURES ORNÉES.

COLONNES

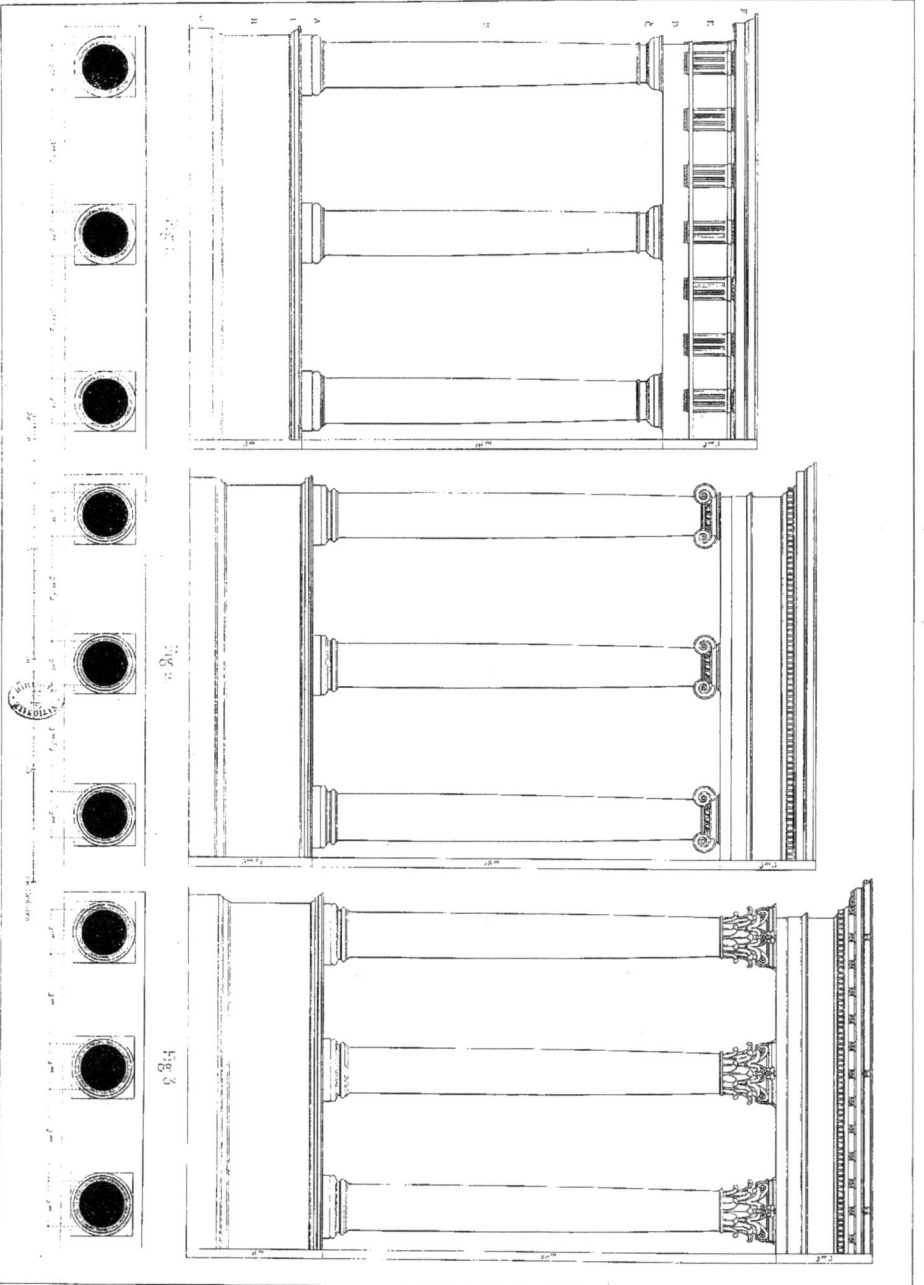

Fig. 1

Fig. 2

Fig. 3

Pl. 7

Pl. 8.

Fig 3.

Fig 2

Fig 1

3o min   2o   1o   o'   2   3 modules

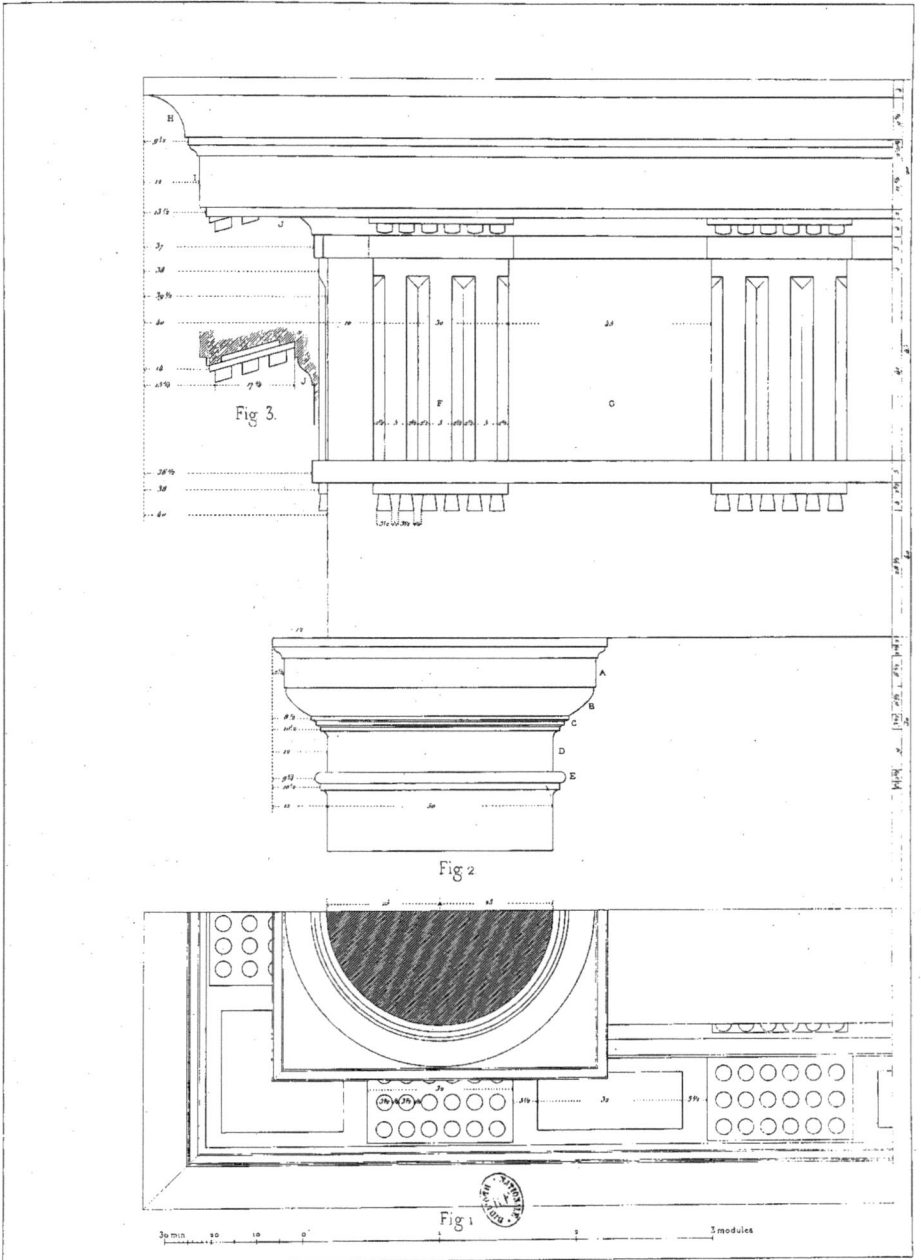

CHAPITEAU ET ENTABLEMENT DORIQUES

Fig 2

Fig. 1

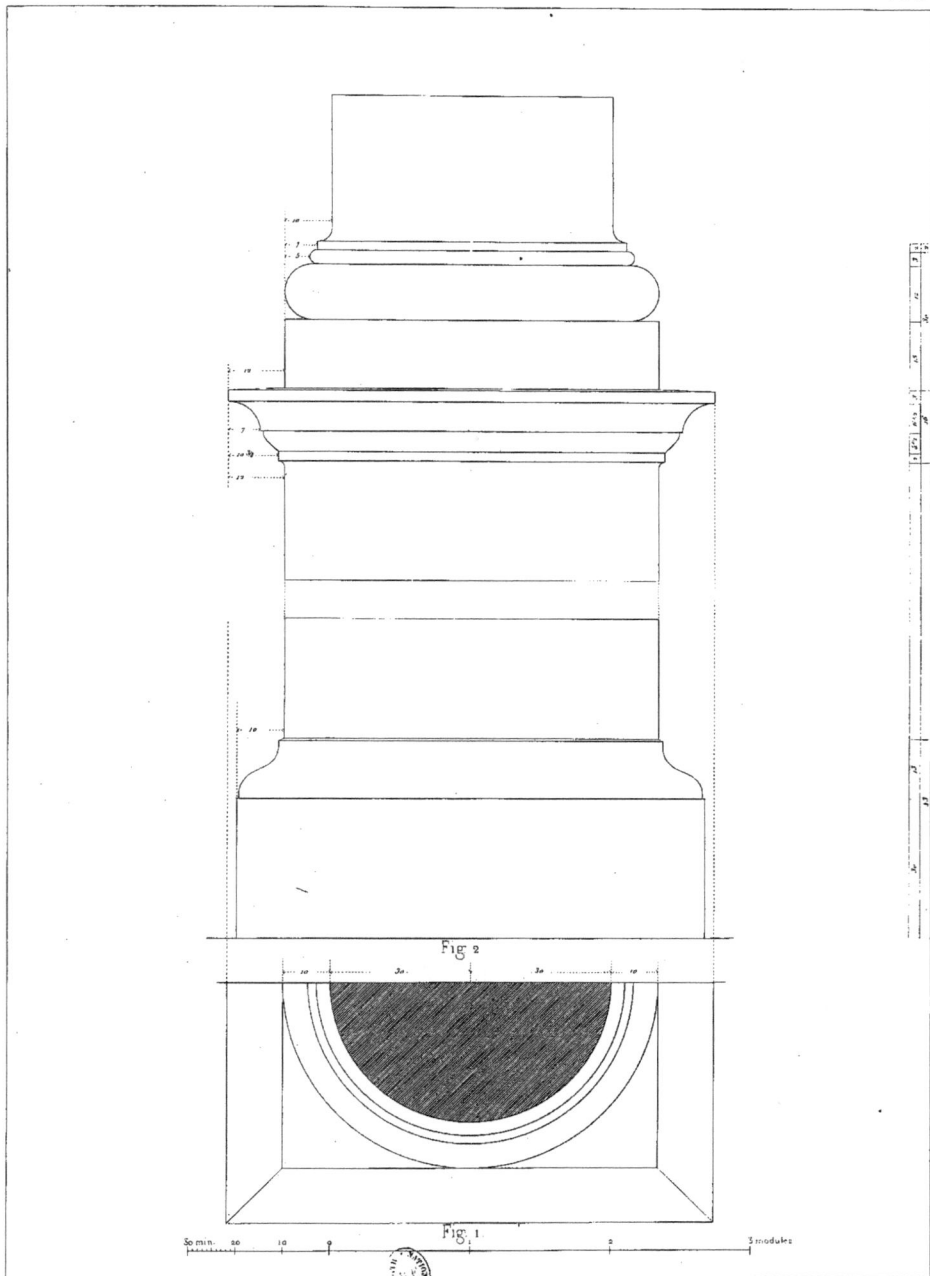

BASE ET PIÉDESTAL DORIQUES.

Pl. 10

Fig 2.

Fig 3.

Fig 1.

Fig 7.

Fig 5.

Fig 6.

Fig 4.

Echelle des Fig 4 et 7

CHAPITEAU ET ENTABLEMENT IONIQUES.

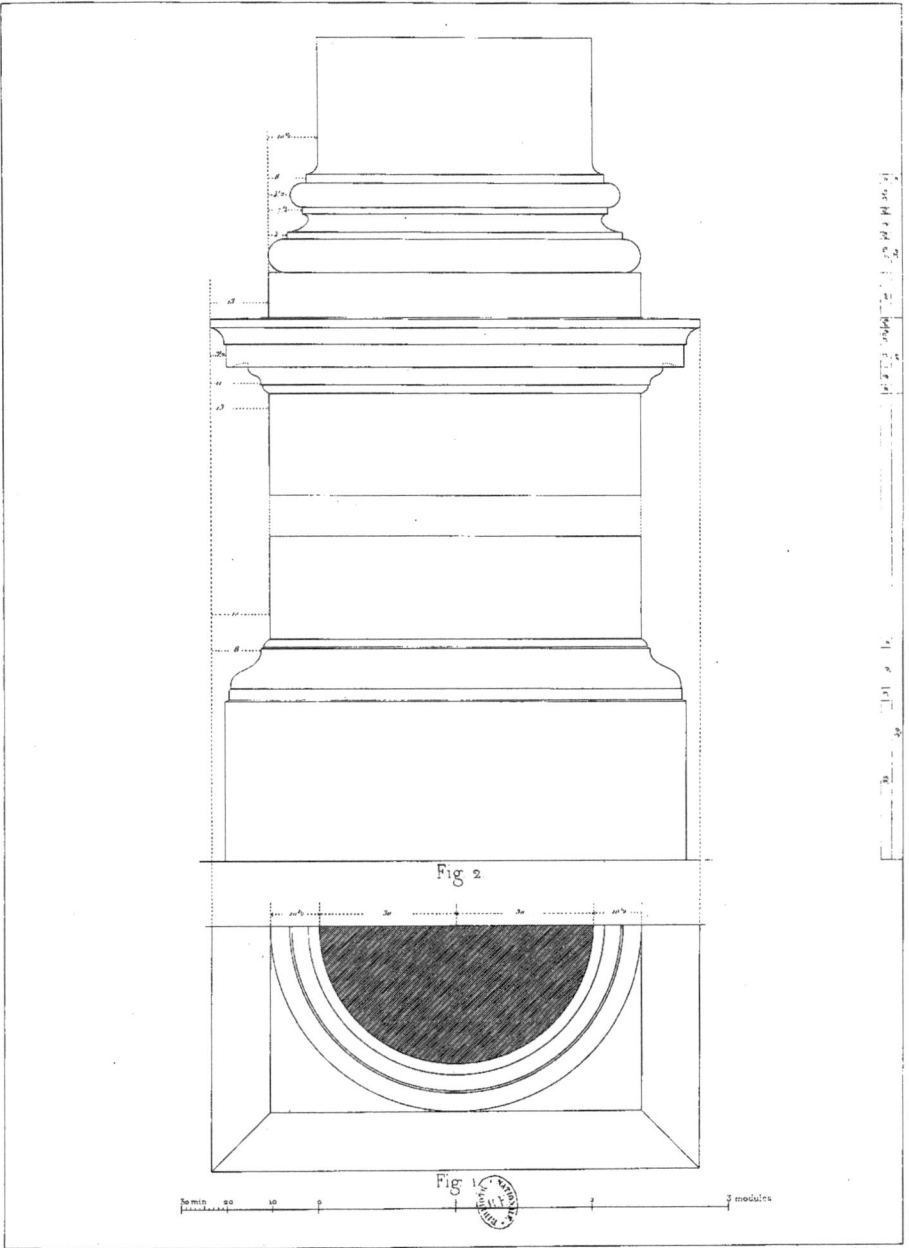

Fig 2

Fig 1

BASE ET PIÉDESTAL IONIQUES.

Fig. 5.

Fig. 4.

Fig. 3.

Fig. 2.

Fig. 1.

CHAPITEAU ET ENTABLEMENT CORINTHIENS

Fig. 2

Fig. 1

30 min   20   10   0   5   3 modules

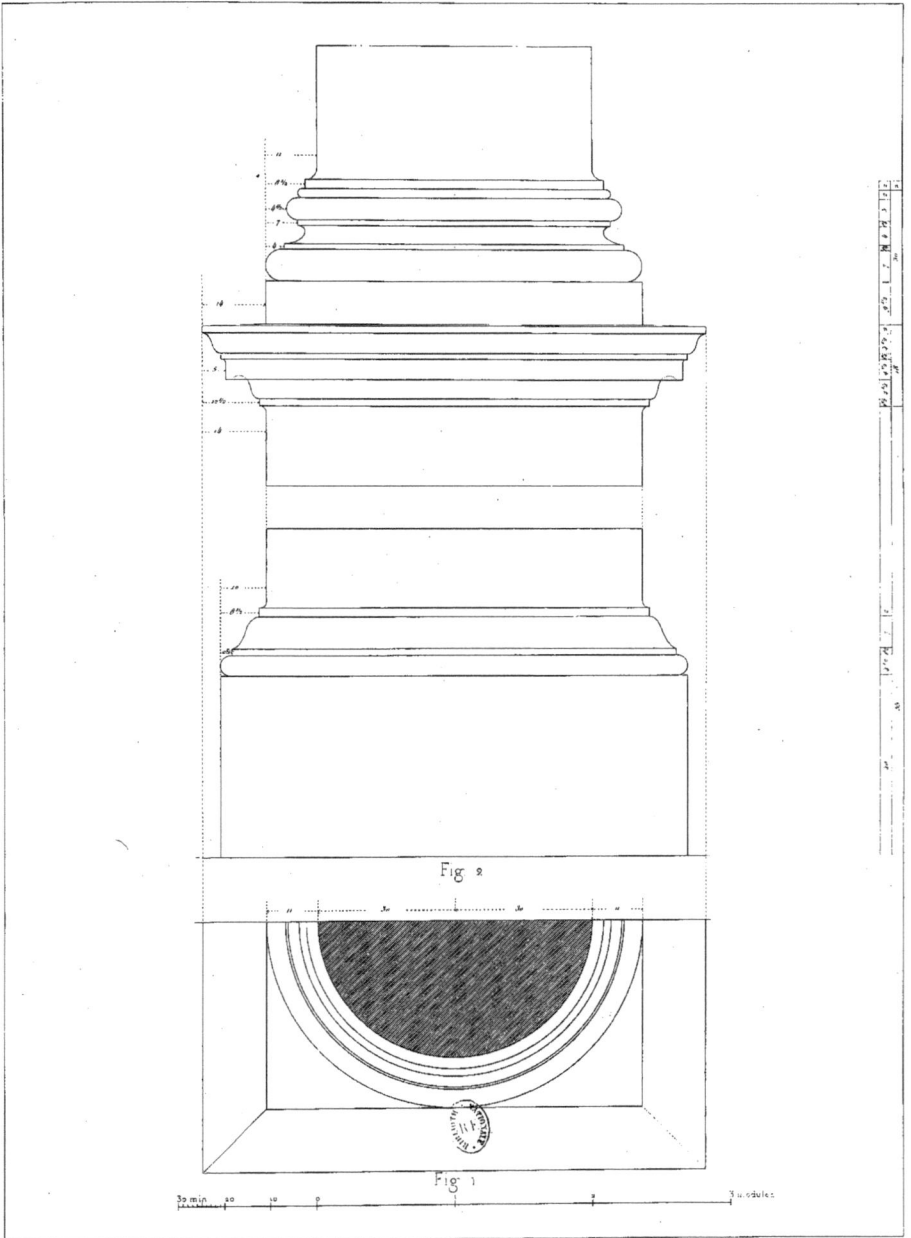

BASE ET PIÉDESTAL CORINTHIENS

Pl 14

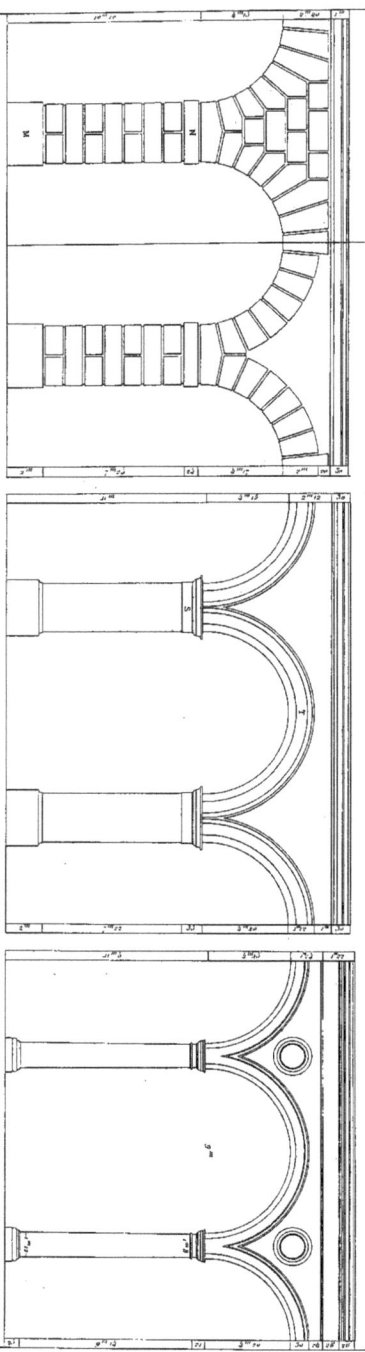

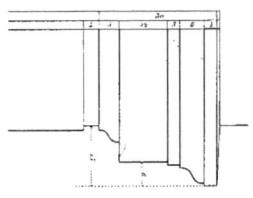

Fig 1.

Fig 2.

Fig 3.

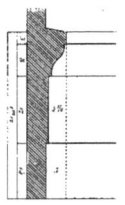

Fig 4.

Fig 5.

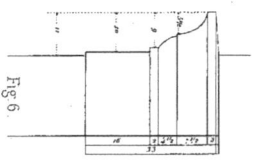

Fig 6.

Fig 7.

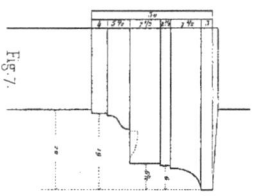

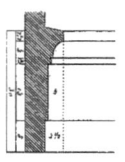

Fig 8.

Fig 9.

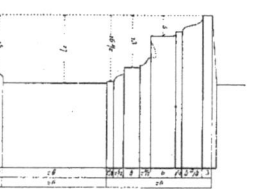

Échelle des Détails 0mm
Échelle des Figures 1,2 et 3.

ARCADES.

Leblet sc.

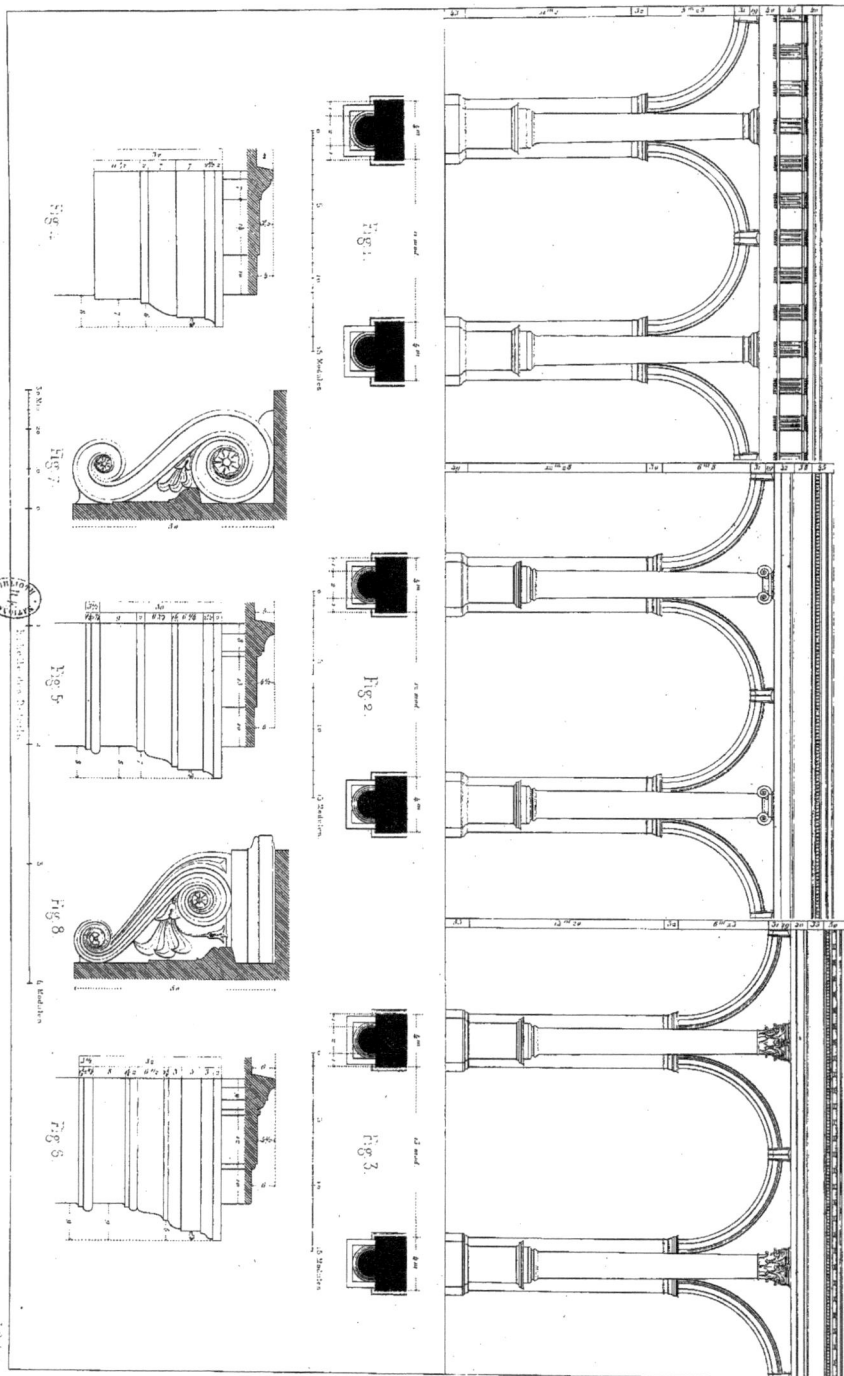

ARCADES AVEC COLONNES

Pl. 15

Pl. 16.

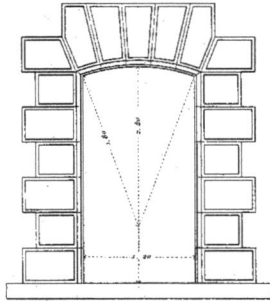

Fig. 2.

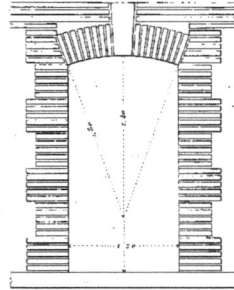

Fig. 3.

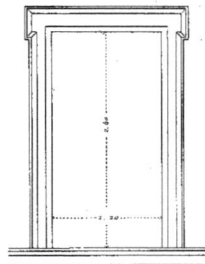

Fig. 4.

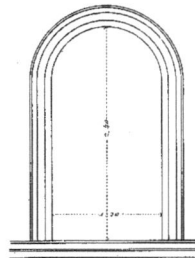

Fig. 5.

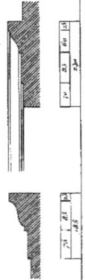

Fig. 1.

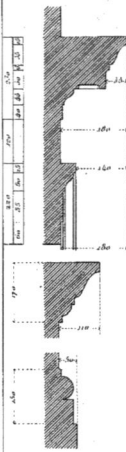

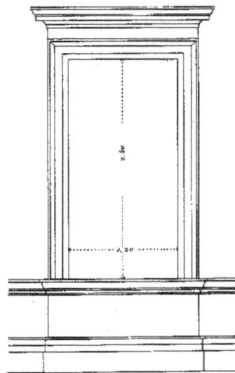

Fig. 6.

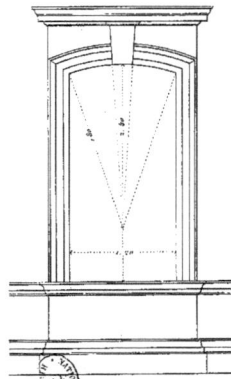

Fig. 7.

Échelle {des Ensembles / des Détails}

FENÉTRES.

Pl. 17

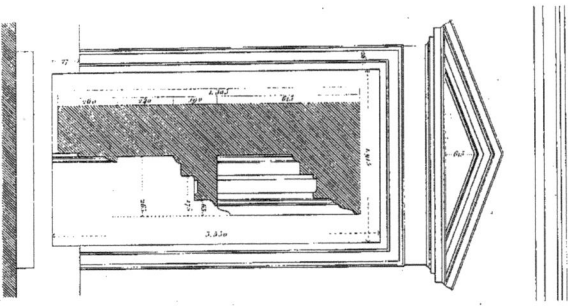

Fig. 1

Echelle {des Détails
Echelle {des Ensembles

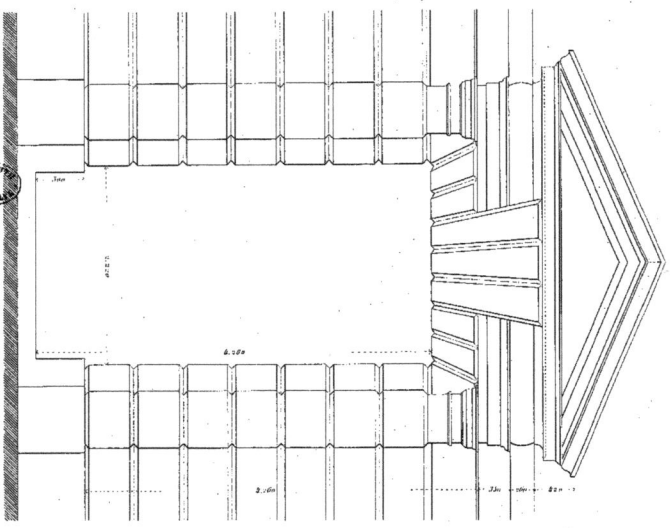

Fig. 3

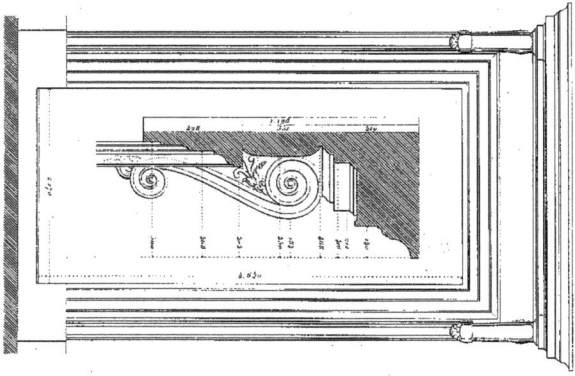

Fig. 2

Pl.18

PORTES.

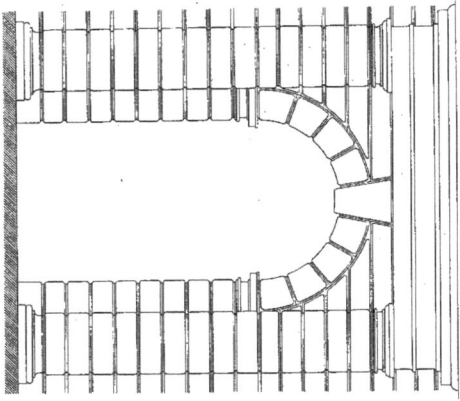

Fig. 1

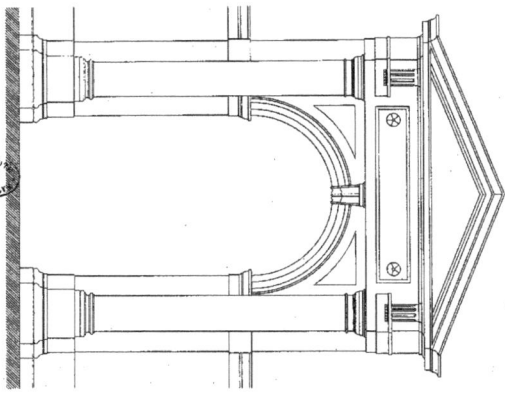

Fig. 2

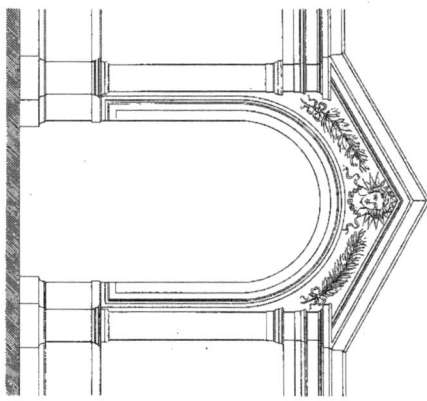

Fig. 3

L.Debut sc.

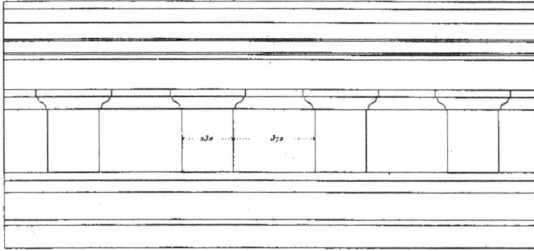
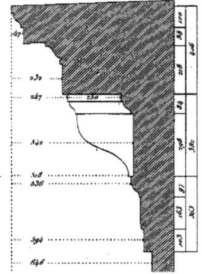

Fig 1

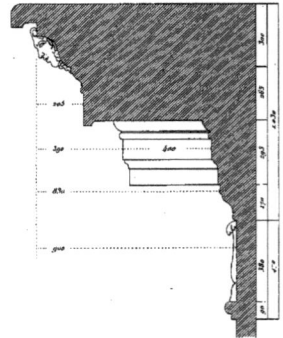

Fig 2.

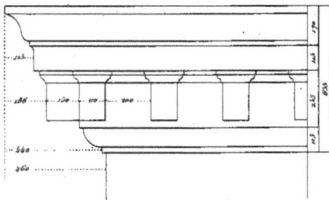

Fig 3.

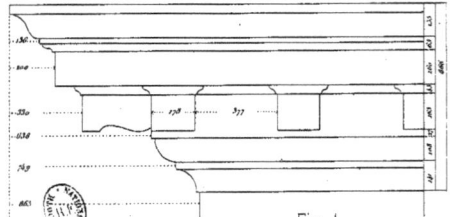

Fig 4.

CORNICHES DE COURONNEMENT.

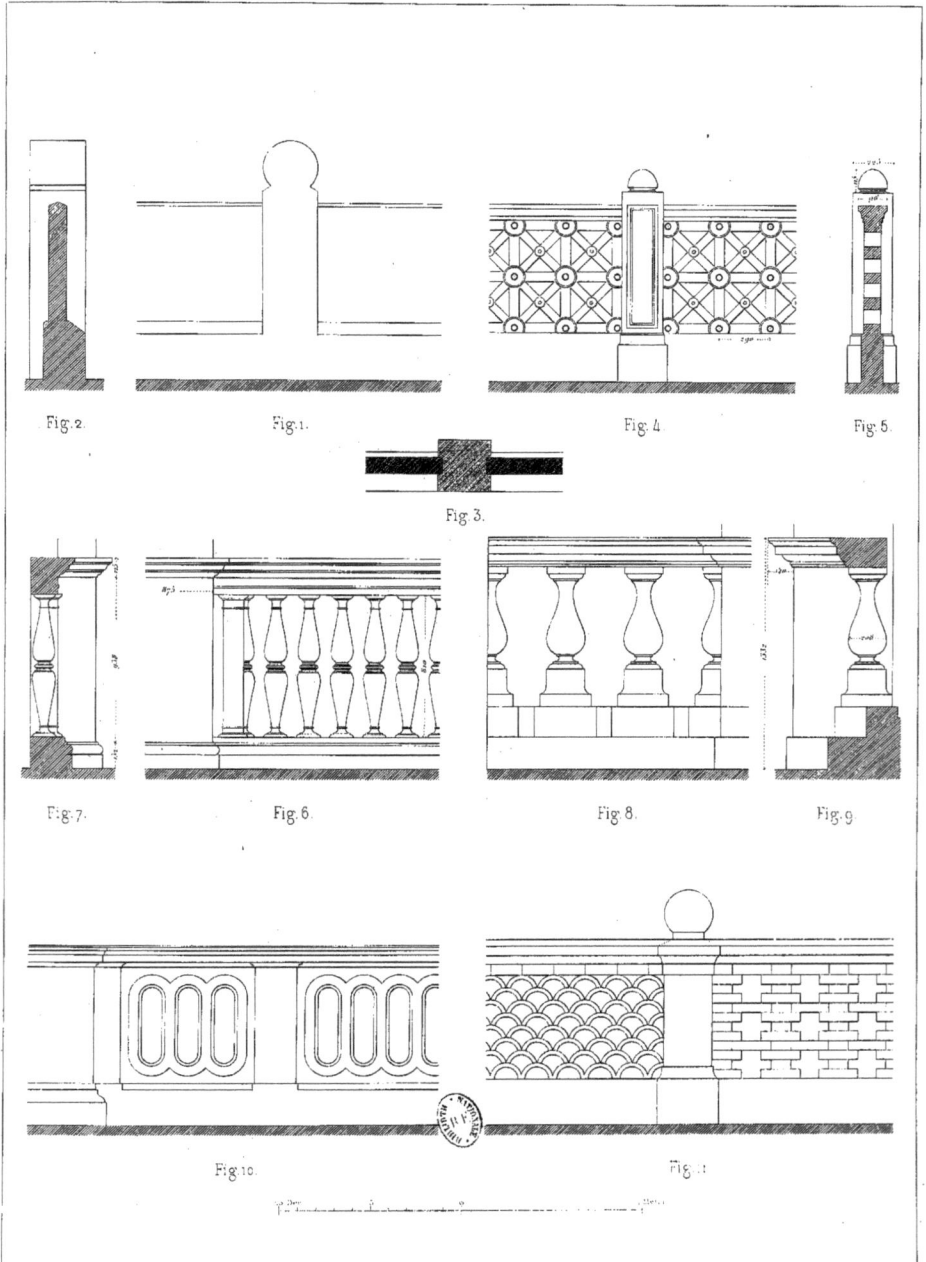

Pl. 20

Fig. 2.

Fig. 1.

Fig. 4.

Fig. 5.

Fig. 3.

Fig. 7.

Fig. 6.

Fig. 8.

Fig. 9.

Fig. 10.

Fig. 11.

BALUSTRADES.

Pl. 21.

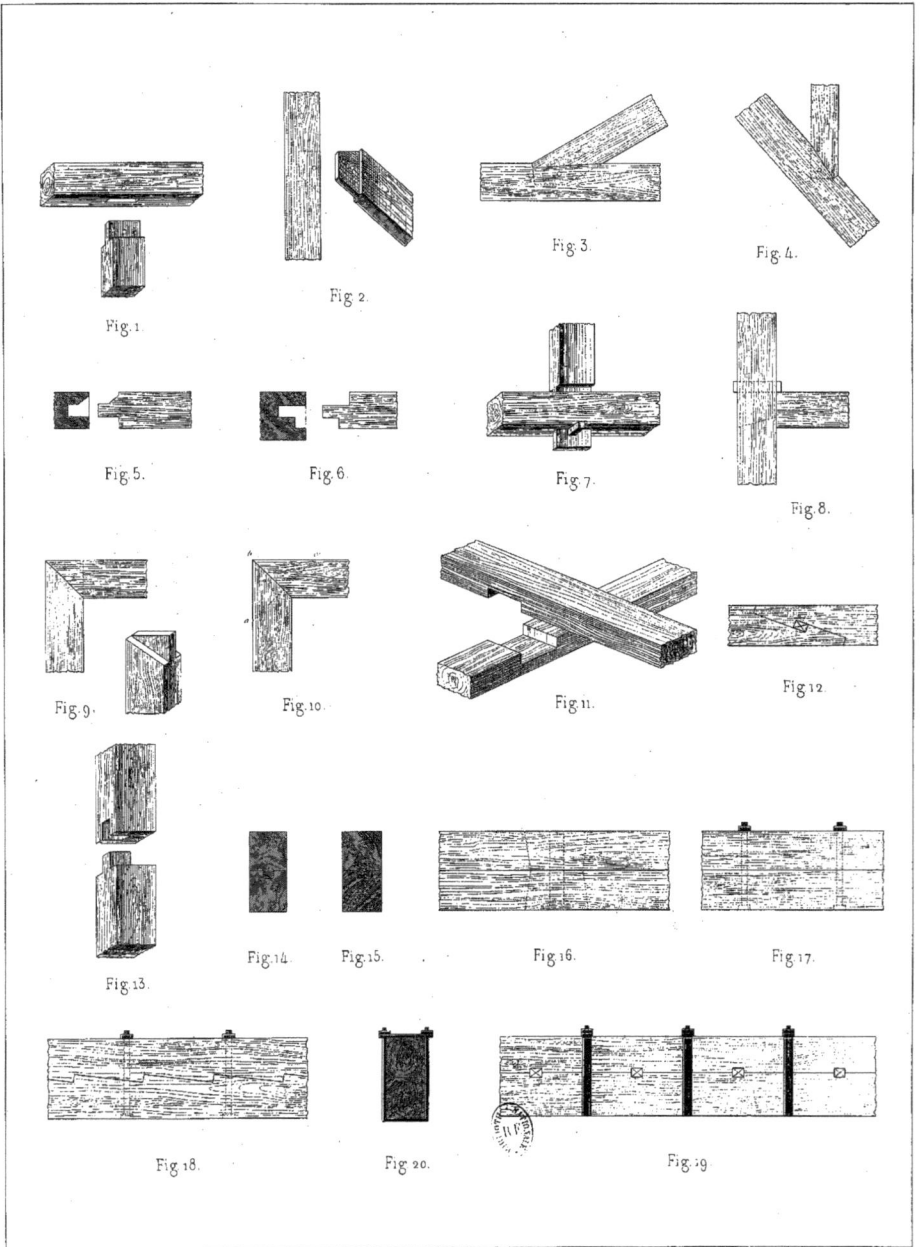

Fig. 1.

Fig. 2.

Fig. 3.

Fig. 4.

Fig. 5.

Fig. 6.

Fig. 7.

Fig. 8.

Fig. 9.

Fig. 10.

Fig. 11.

Fig. 12.

Fig. 13.

Fig. 14.

Fig. 15.

Fig. 16.

Fig. 17.

Fig. 18.

Fig. 20.

Fig. 19.

ASSEMBLAGES DE CHARPENTE.

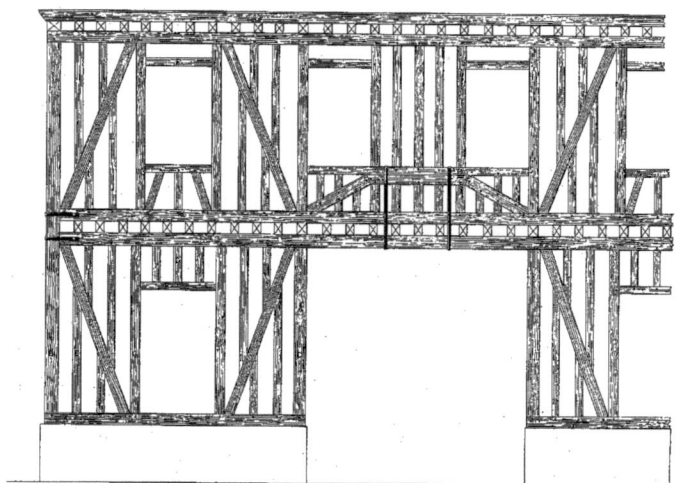

Fig. 1.

Fig. 2.

Fig. 3.

Fig. 4.

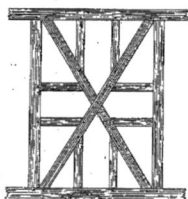

Fig. 5.

Fig. 8.

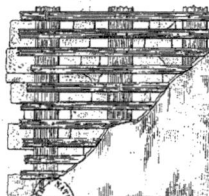

Fig. 7.

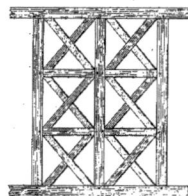

Fig. 6.

Lebel sc.

PANS DE BOIS.

Fig. 1.

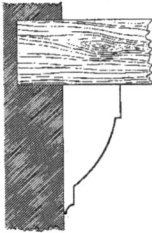

Fig. 5.

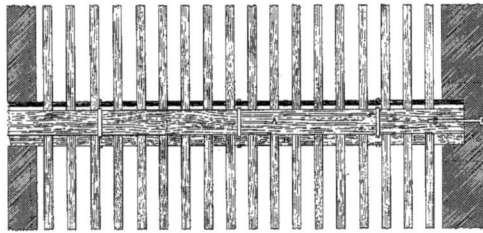

Fig. 2.

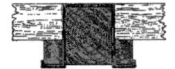

Fig 3

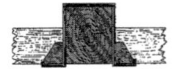

Fig. 4.

Fig. 7.

Fig. 8.

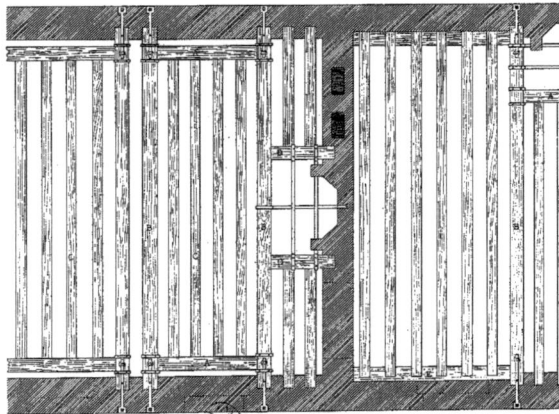

Fig. 6.

Fig. 9.

Fig. 10.

Echelle des Figures 1, 2 et 6.

8 Mètres.

PLANCHERS EN CHARPENTE.

Pl. 24.

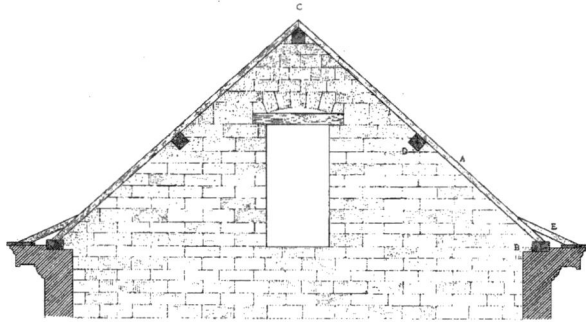

Fig. 1.

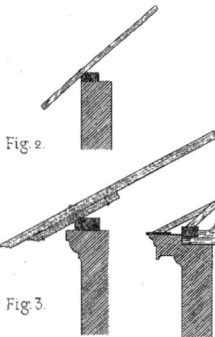

Fig. 2.

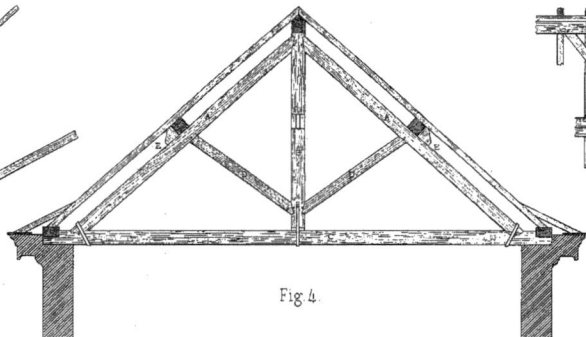

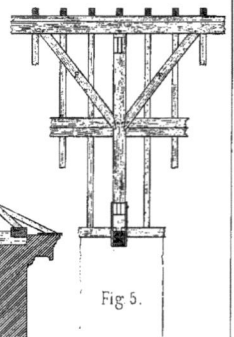

Fig. 3.

Fig. 4.

Fig. 5.

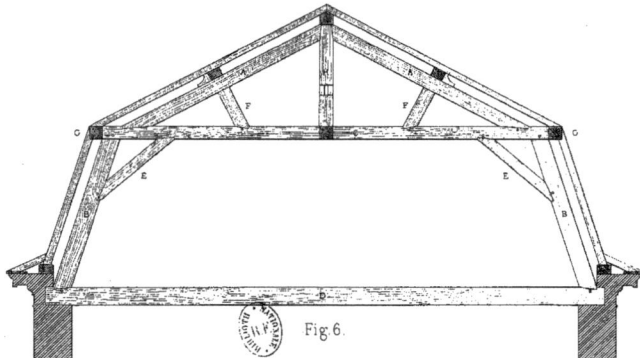

Fig. 6.

Lebel sc.

COMBLES EN CHARPENTE.

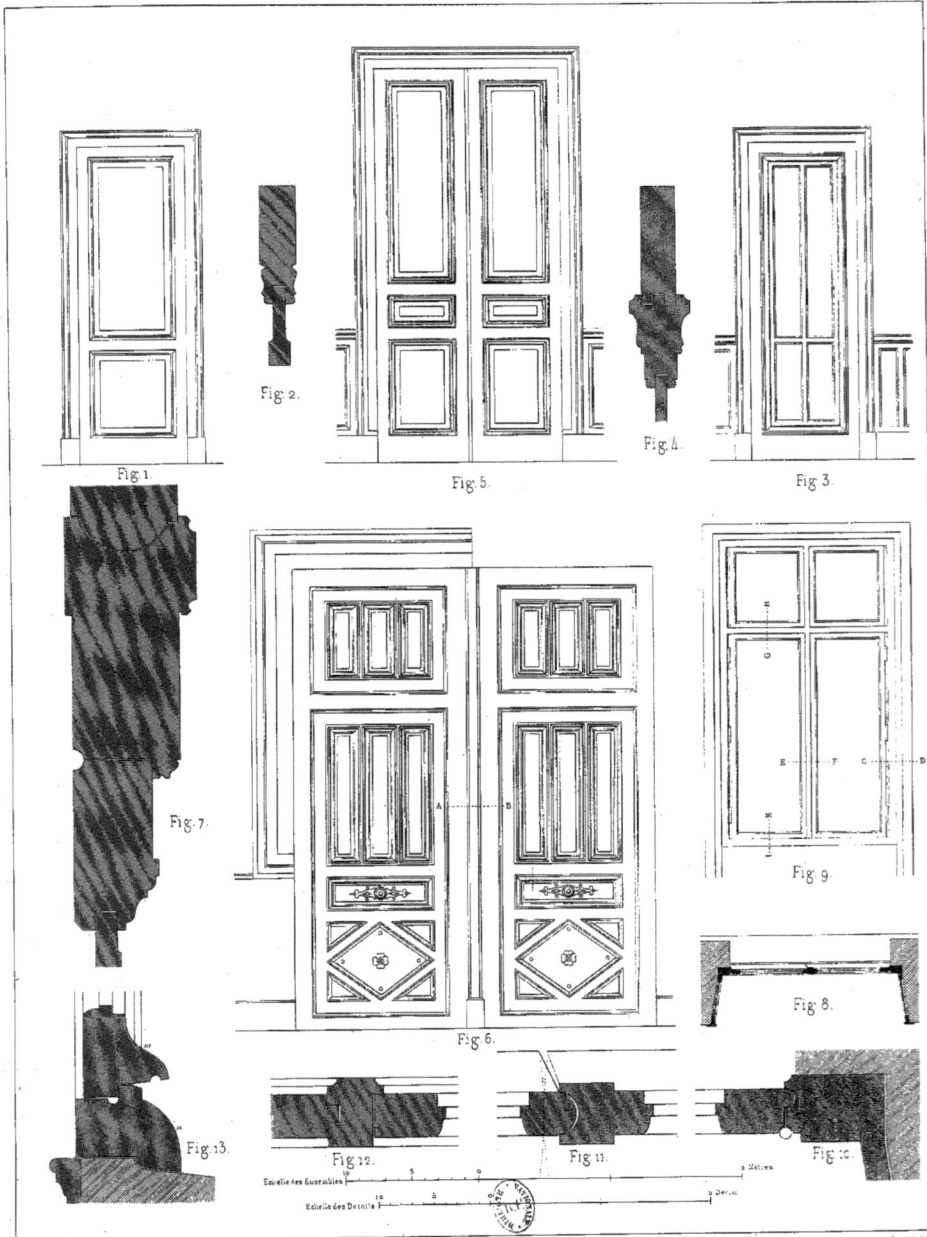

Fig. 1.

Fig. 2.

Fig. 5.

Fig. 4.

Fig. 3.

Fig. 7.

Fig. 6.

Fig. 9.

Fig. 8.

Fig. 13.

Fig. 12.

Fig. 11.

Fig. 10.

Echelle des Ensembles

Echelle des Détails

MENUISERIE.

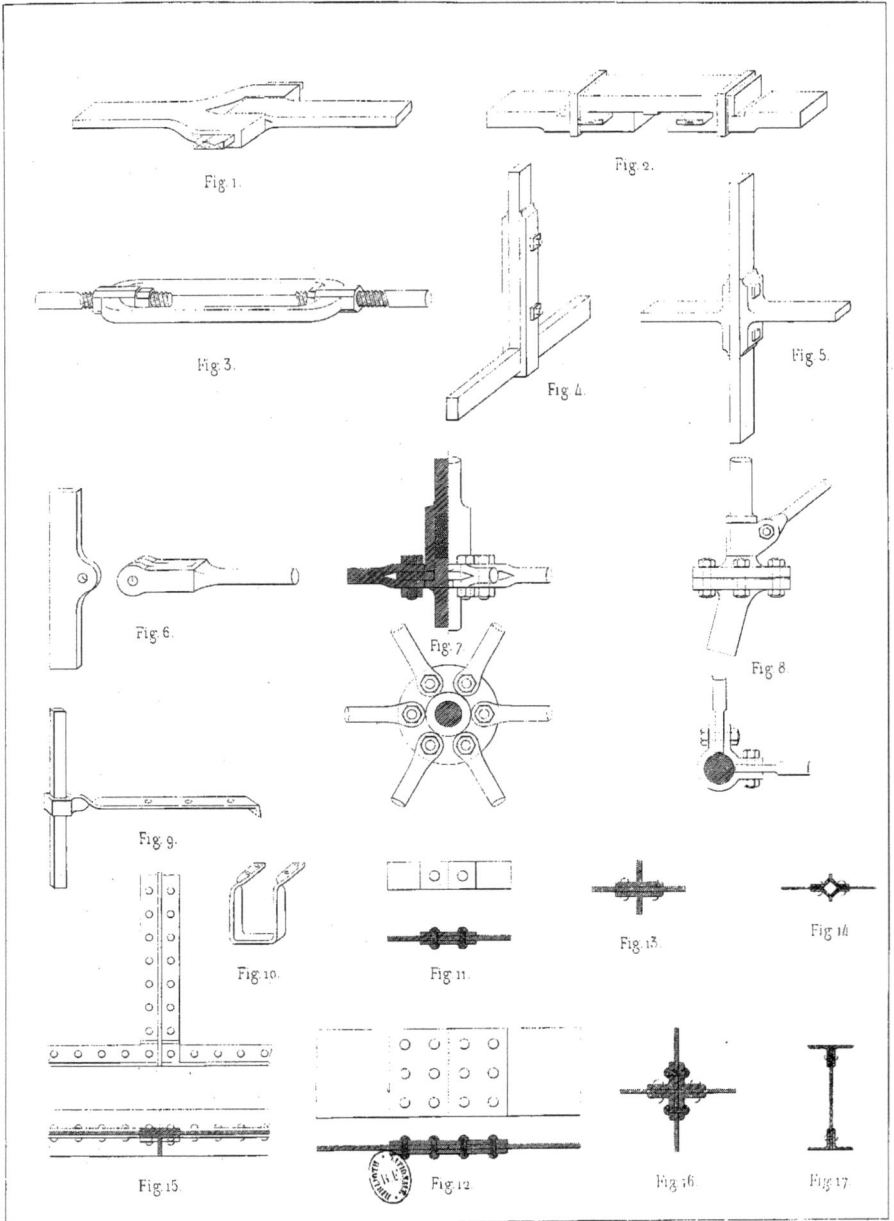

Fig. 1.

Fig. 2.

Fig. 3.

Fig. 4.

Fig. 5.

Fig. 6.

Fig. 7.

Fig. 8.

Fig. 9.

Fig. 10.

Fig. 11.

Fig. 13.

Fig. 14.

Fig. 15.

Fig. 12.

Fig. 16.

Fig. 17.

ASSEMBLAGES DE FERRONNERIE

PARIS. — IMP. SIMON RAÇON ET COMP., RUE D'ERFURTH, 1.

FLORE ORNEMENTALE

PAR

V. RUPRICH-ROBERT

Architecte du Gouvernement, Professeur de composition d'ornement à l'École de dessin,
Architecte dessinateur du Mobilier de la Couronne

UN

FORT VOLUME IN-4 COLOMBIER

CONTENANT

150 planches

PARFAITEMENT GRAVÉES

AVEC TEXTE

Prix : 125 francs

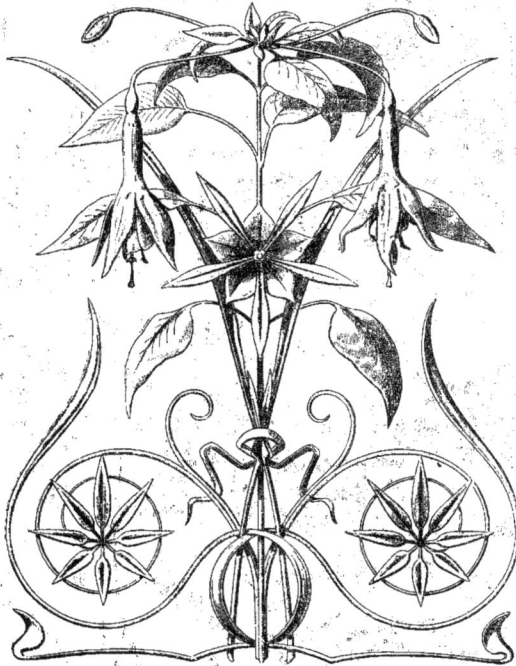

MÊME OUVRAGE

COLLECTION DE 30 PLANCHES

CHOISIES PAR

S. E. LE MINISTRE

DE L'INSTRUCTION PUBLIQUE

et distribuées par lui

En feuilles . . . . **20** fr.

Sur carton . . . . **25** fr.

PARIS. — IMP. SIMON RACON ET COMP., RUE D'ERFURTH, 1.

www.ingramcontent.com/pod-product-compliance
Lightning Source LLC
Chambersburg PA
CBHW060641100426

42744CB00008B/1717